DES

EXCEPTIONS DILATOIRES

THÈSE POUR LE DOCTORAT

PAR

Edouard DEROY

PARIS

LIBRAIRIE NOUVELLE DE DROIT ET DE JURISPRUDENCE

ARTHUR ROUSSEAU, ÉDITEUR

14, RUE SOUFFLOT ET RUE TOULLIER, 13

1898

THÈSE

POUR LE DOCTORAT

DES

EXCEPTIONS DILATOIRES

THÈSE POUR LE DOCTORAT

L'ACTE PUBLIC SUR LES MATIÈRES CI-APRÈS

Sera soutenu le lundi 23 mai 1898, à 2 heures 1/2

PAR

Edouard DEROY

Président : M. GLASSON.

Suffragants : { MM. GÉRARDIN, BOISTEL, } professeurs.

PARIS

LIBRAIRIE NOUVELLE DE DROIT ET DE JURISPRUDENCE

ARTHUR ROUSSEAU, ÉDITEUR

14, RUE SOUFFLOT ET RUE TOULLIER, 13

1898

DES EXCEPTIONS DILATOIRES

INTRODUCTION

HISTORIQUE ET GÉNÉRALITÉS

Les exceptions dilatoires sont celles qui ont pour objet direct et avoué l'obtention d'un délai. Ces exceptions ont pour effet de retarder, de différer pendant un certain temps l'examen de la demande contre laquelle elles sont invoquées (1). Toute exception, quelle que soit sa nature, a bien pour résultat de suspendre la marche d'une instance pendant un temps plus ou moins long, mais tel n'est point le but, l'objet immédiat ; ce n'est point précisément à cette fin que l'exception a été introduite. Lorsque le défendeur oppose les exceptions, que la loi qualifie de dilatoires, il sollicite formellement et directement l'obtention d'un délai ; quand, au contraire, il oppose les autres exceptions, il conclut à tout autre chose. S'il invoque l'exception *judicatum solvi*, il réclame une sûreté ; s'il propose l'exception d'incompétence, il demande à être renvoyé devant qui de droit ; s'il élève l'exception de nullité, il conclut à l'annulation de l'exploit d'ajournement ou d'un acte de la procédure ; l'exception de communication de pièces, il

___

(1) C'est pour cette raison qu'on les appelle dilatoires, dénomination tirée du latin *differre, dilatum*.

requiert qu'on lui communique les pièces signifiées, produites ou invoquées contre lui. Sans doute le défendeur, qui présente et fait admettre une de ces exceptions, gagne toujours du temps : l'examen du fond du litige va en effet forcément se trouver suspendu et différé jusqu'à ce que la caution exigée de l'étranger demandeur ait été fournie, que l'affaire ait été portée devant les juges compétents, que le tribunal ait été saisi par un ajournement régulier ou que les pièces aient été communiquées. Sous ce rapport, tous les incidents de procédure sont dilatoires, puisqu'ils amènent le sursis de l'instruction de la demande dont bénéficie fatalement la partie qui les a soulevés. Mais la nature d'une exception doit être déterminée d'après le but auquel elle tend directement. Or, les diverses exceptions, que nous venons de citer, n'ont pas pour objet direct et principal de procurer un délai. Le sursis qui en résulte, le répit, dont profite celui qui les invoque, est une conséquence nécessaire, il est vrai, mais indirecte et secondaire de ces exceptions. Aussi le Code de procédure ne regarde-t-il très exactement comme exceptions dilatoires que celles qui tendent, directement, formellement à l'obtention d'un délai.

Le droit romain et l'ancienne jurisprudence apportent peu de lumières en cette matière des exceptions dilatoires. En effet, si les rédacteurs du Code de procédure ont emprunté ces termes à notre ancien droit, lequel les tenait du droit canonique, qui, lui-même, les avait trouvés dans le droit romain, ces expressions, en passant ainsi d'une législation dans une autre, ont plus d'une fois changé de sens. On trouve bien, en effet, dans le droit romain des exceptions dilatoires, mais ces exceptions n'ont de commun avec les nôtres que le nom. L'exception dilatoire romaine est celle qui ne peut être opposée que pendant un certain temps ; aussi est-elle qualifiée également de temporaire. Telle est notamment l'exception *pacti conventi ne petatur per tempus* (Gaius, IV, § 122) : une personne est débitrice d'une dette pure et simple en vertu d'un contrat de droit strict, comme une stipulation ou un *mutuum* ; son créancier s'engage par un pacte *de non petendo* à ne pas exiger sa créance avant un certain temps, en un mot lui concède un terme ; ce simple pacte n'a pu modifier le contrat primitif ; mais si le créancier, malgré la convention intervenue postérieurement, agit en paiement contre le débiteur avant l'expiration du délai qu'il lui a consenti, sa demande est rejetée par une exception tirée du pacte *de non petendo ad certum tempus* (Inst. de Justinien, liv. IV, tit. XIII, § 10). Ainsi, à Rome, l'exception qualifiée dilatoire n'a pas pour effet de faire obtenir au défendeur un délai, sauf ensuite au demandeur à renouveler son action à un moment plus opportun ; l'exception une fois démontrée devant le juge, entraîne l'absolution définitive du défendeur et le demandeur ayant déduit tout son droit en justice ne peut plus agir à nouveau contre lui. Mais le demandeur, menacé de se voir opposer une exception de cette nature, peut en éviter les effets irrémédiables en différant sa demande (Exceptions dilatoires *ex tempore*, par exemple, les exceptions *litis dividuæ* et *rei residuæ*) ou en la modifiant (Exceptions dilatoires *ex persona*, notamment les exceptions *cognitoriæ* et *procuratoriæ*, fondées sur ce que le *procurator* ou le *cognitor* de l'adversaire est incapable de plaider au nom d'autrui ou agit pour une personne incapable de se faire représenter). Il attendra, par exemple, que le terme accordé soit échu, ou bien viendra se présenter en personne ou se fera représenter par un autre mandataire (Gaius, IV, §§ 123 et 124 *in fine*). C'est de cette façon, mais par voie indirecte, que ces exceptions péuvent procurer au défendeur un délai et mériter le nom de dilatoires.

Dans le Droit Canonique et l'Ancien Droit,on se place à un point de vue absolument opposé pour déterminer le caractère des exceptions dilatoires : on considère les effets de l'exception, tandis qu'à Rome on s'attachait au temps pendant lequel elle pouvait être invoquée devant le préteur.

Le Droit Canonique distingue deux sortes d'exceptions dilatoires : les unes sont *dilatoriæ judicii*, les autres *dilatoriæ solutionis*. Les premières supposent qu'une faute ou un vice de procédure a été commis dans la demande et ont pour but de suspendre la marche de l'instance irrégulière. Telles sont notamment l'exception d'incompétence ou *declinatoria fori*, l'exception tirée de l'incapacité du juge, par exemple si le juge est serf, infâme ou excommunié, celle tirée de l'incapacité d'agir en justice du demandeur ou de son procureur, l'exception de spoliation accordée au défendeur dépossédé par dol ou violence et qui a pour objet immédiat de le dispenser de répondre à la demande tant qu'il n'a pas été restitué contre la spoliation dont il est victime.

Les exceptions *dilatoriæ solutionis* sont fondées sur ce que le droit déduit en justice n'est pas encore exigible, la dette n'étant pas arrivée à échéance. Ces exceptions s'attaquent à la demande elle-même et tendent simplement à en retarder les effets. Telle est l'exception tirée du bénéfice du terme (1).

Dans la procédure féodale et coutumière, la notion de l'exception dilatoire est singulièrement confuse et incertaine. Beaumanoir nous apprend dans quel but le défen-

____

(1) Durand, *Speculum juris, De except.*, § II, p. et nº 1.

deur oppose les exceptions de cette nature. C'est, dit-il, « par alongier la demande qui est fete contre li. Autant valent exeptions dilatoires, comme dire resons qui ne servent fors que du plet delaier » (1). Cette période présente une variété infinie d'exceptions dilatoires, car la pratique comprend indistinctement et arbitrairement sous cette dénomination tous les moyens de défense qui aboutissent à mettre obstacle provisoirement à la demande. Les exceptions dilatoires proprement dites dérivent principalement de trois causes distinctes. Elles sont tirées, soit d'un vice de forme dans la demande, soit de l'incapacité du demandeur ou de son représentant, soit enfin de ce que le droit litigieux n'est pas encore exigible.

Ainsi le défendeur oppose l'exception *libelli obscuri vel inepti*, lorsque le libelle, contenant l'exposé de la demande, n'est pas suffisamment clair et compréhensible.

Ou bien l'exception est opposée à la personne du demandeur à raison de son incapacité d'agir en justice, par exemple, au mineur qui plaide *sine auctoritate tutoris*, à la femme agissant sans autorisation de son mari et généralement à toutes « gens qui sont en autruy pouvoir » (2). L'exception peut être également invoquée contre le procureur ou demandeur, soit à raison des vices de la procuration, soit pour défaut de grâce : « quand on débat procureur por dire contre lor procurations ou por dire que le querele est tele que ele ne se doit pas demener par procureur » (3).

Enfin l'exception dilatoire permet d'écarter une demande prématurée, c'est-à-dire exercée avant l'échéance du terme : « quand li demanderes demande dette ou convenance et li deffenderes allegue respit » (4).

---

(1) Beaumanoir, ch. VII, n° 2.
(2) *Cout. et Inst. de l'Anjou et du Maine*, t. III, n° 63, p. 95.
(3-4) Beaumanoir, ch. VII, n° 3.

Telles sont, dans leurs grandes lignes, les principales dilatoires à cette époque. Le nombre de ces exceptions est d'autant plus considérable que l'ancienne jurisprudence comprend parmi elles les contremands et essoines et aussi les demandes de jours de délai.

Le contremand est une déclaration de remise faite par la partie défenderesse.

L'essoine est une excuse légitime que le plaideur, qui se trouve empêché de comparaître en personne, fait présenter par un mandataire que les textes nomment *essoniator* ; elle a pour objet de suspendre la comparution en justice, tant que dure l'empêchement sur lequel elle est fondée. — Quant aux jours, les anciens traités de procédure désignent sous cette expression toute une série de délais que l'usage accorde le plus ordinairement au défendeur pour la préparation de sa défense. Les principaux sont : le jour de conseil, pour permettre au défendeur de préparer sa réponse, le jour de vue, donné pour la représentation en justice de la chose litigieuse, le jour de garant, accordé à la partie défenderesse pour appeler en cause son auteur, tenu de la garantir contre l'éviction. La pratique assimile tous ces moyens aux exceptions dilatoires, parce qu'elle a remarqué que, comme ces exceptions, ils ont pour effet d'arrêter momentanément la demande et qu'ils doivent être également proposés au début de l'instance et avant tous autres. Ils ne constituent pourtant pas assurément des exceptions, car ils n'ont rien de commun avec la question litigieuse. La plupart de ces moyens d'ajournement disparurent d'ailleurs de bonne heure et l'Ordonnance de 1539 ne laissa subsister que les délais de vue et de garant.

A partir du XVI⁰ siècle, la théorie des exceptions dilatoires commence visiblement à s'éclaircir et à se transformer. Le nombre de ces exceptions diminue sensiblement. Nous citerons parmi les plus importantes l'exception tirée du terme non échu, celle fondée sur l'incapacité du demandeur, mineur ou femme mariée, qui ne s'était pas muni des autorisations nécessaires pour agir en justice, l'exception de la *cautio judicatum solvi*, opposable au demandeur étranger, l'exception ou bénéfice de discussion du fidéjusseur et du tiers détenteur d'immeuble hypothéqué, enfin les exceptions de garantie, de vues et montrées et des délais pour délibérer de l'héritier légitime et de la femme veuve.

L'Ordonnance d'avril 1667 s'occupe principalement de l'exception du délai pour faire inventaire et délibérer et de celle d'appel en garantie. Elle introduit en outre une importante amélioration en ce qui concerne l'ordre de présentation des exceptions dilatoires. Jusqu'à cette ordonnance en effet, les exceptions furent proposées les unes après les autres. C'était là une source de lenteurs dans la marche de la procédure. L'article 1ᵉʳ du titre IX de l'Ordonnance prescrit au défendeur d'opposer en même temps, sauf dans certains cas, toutes ses exceptions dilatoires : « Celui qui aura plusieurs exceptions dilatoires sera tenu de les proposer par un même acte. »

Cette énumération rapide nous montre combien les anciens jurisconsultes étaient éloignés de la véritable idée de l'exception dilatoire. Ils reconnaissent en effet le caractère dilatoire indistinctement à tous les moyens qui ont pour résultat de différer la discussion de la demande ou, comme disait Beaumanoir, de « délaier » l'action. C'est ainsi que Rodier, en commentant l'Ordonnance de 1667, n'hésite pas à ranger au nombre des exceptions dilatoires les déclinatoires ou fins de non-valoir, puisqu'ils tendent à suspendre les poursuites et le jugement, jusqu'à ce qu'il soit décidé devant quel juge on doit plaider. — Cependant la notion de l'exception dilatoire, si large au début, s'est resserrée de plus en plus et a été ramenée à sa véritable expression par le Code de 1806.

Le Code de procédure civile consacre au titre des exceptions un paragraphe spécial aux exceptions dilatoires et ne donne cette qualification qu'à deux exceptions seulement : l'exception du délai pour faire inventaire et délibérer et l'exception de garantie.

Nous étudierons successivement les dispositions particulières à chacune de ces exceptions et, dans une dernière partie, en exposant les règles communes à toutes les exceptions dilatoires, nous aurons à rechercher, si, dans le droit actuel, il n'existe pas d'autres exceptions de cette nature, que celles dont s'occupe expressément le Code de proédure.

PREMIÈRE PARTIE

EXCEPTION DU DÉLAI POUR FAIRE INVENTAIRE ET DÉLIBÉRER

La première exception dilatoire est celle que la loi accorde à l'héritier ou plus exactement à l'habile à succéder et à la femme commune en biens, lorsqu'ils sont assignés dans les délais pour faire inventaire et délibérer et avant qu'ils aient pris parti sur la succession ou sur la communauté.

Cette exception, fondée sur la raison et l'équité, touche beaucoup plus aux principes du Droit civil qu'à ceux de la procédure ; aussi ne la voyons-nous résulter d'une façon formelle que de l'article 797 du Code civil ; l'article 174 du Code de procédure civile au paragraphe des exceptions dilatoires la sous-entend et les différentes dispositions, qu'il contient, ne sont qu'un bref rappel des règles exposées au Code civil.

Nous examinerons, dans deux chapitres distincts, l'exception de l'héritier et l'exception de la femme commune en biens.

CHAPITRE PREMIER

EXCEPTION DE L'HÉRITIER

SECTION I. — Conditions et délai légal pour opposer l'exception.

1. — Notre droit ne connaît pas d'héritiers nécessaires : « Nul n'est tenu d'accepter une succession qui lui est échue », dit l'article 775 du Code civil, comme autrefois, dans l'ancien droit, l'article 316 de la coutume de Paris et la maxime de Loysel : « Il n'est héritier qui ne veut. » Tout héritier, légitime ou naturel, appelé à une succession se trouve dès l'instant même de la mort du défunt et par la seule puissance de la loi, saisi des biens, droits et actions de son auteur, sous l'obligation d'acquitter toutes les charges de la succession (art. 724, C. civ.), mais il n'en est pas saisi malgré lui. Les successions ne sont pas toutes bonnes et il était équitable de permettre à l'héritier de répudier la qualité de représentant du défunt pour échapper aux conséquences rigoureuses, qui peuvent résulter d'une succession obérée. La loi lui offre donc le choix entre trois déterminations différentes (1) : l'acceptation pure et simple, l'acceptation sous bénéfice d'inventaire et la renonciation, choix qui peut être délicat et très embar-

---

(1) Par exception, le mineur et l'interdit ne peuvent qu'accepter sous bénéfice d'inventaire ou renoncer (art. 461, 484, 509 et 776, C. civ.) et l'acceptation bénéficiaire est imposée aux héritiers d'un successible, décédé avant de s'être prononcé, qui ne s'entendent pas sur le parti à prendre (art. 782, C. civ.).

rassant, outre qu'il est en général irrévocable, car chacun de ces trois partis a ses avantages et ses inconvénients.

Si l'acceptation pure et simple consolide sur la tête du successible le titre d'héritier et le fait bénéficier de tout l'émolument de la succession, elle le soumet en même temps à l'obligation de payer les dettes du défunt, indéfiniment, *ultra vires hereditatis,* selon l'expression usitée, et sur ses biens personnels.

L'acceptation sous bénéfice d'inventaire semble à première vue être toujours le meilleur parti pour le successible qui a des doutes sur les forces de la succession. Elle lui permet en effet de profiter de l'excédent de l'actif sur le passif, si l'hérédité se trouve en définitive être avantageuse, sans s'exposer pour cela à être tenu des dettes au delà de la part qu'il recueille, si la liquidation fait apparaître l'insuffisance des biens héréditaires pour acquitter les charges. Il n'en est rien cependant, car l'acceptation bénéficiaire a le grave défaut d'entraîner des formalités coûteuses et compliquées et d'astreindre à l'embarras et à la responsabilité de l'administration bénéficiaire.

Enfin la renonciation absolue, en rendant le successible complètement étranger à la succession, le prive de tout bénéfice, mais ce parti est évidemment préférable, s'il est certain que les dettes du défunt sont de beaucoup supérieures aux biens héréditaires, et de plus il sera l'unique ressource de l'héritier, qui se verrait contraint, même en acceptant sous bénéfice d'inventaire, au rapport des libéralités entre vifs ou testamentaires, qu'il a reçues du défunt sans clause de préciput, dont le montant dépasserait la part héréditaire qui lui reviendra après le rapport effectué.

On voit donc, par les résultats si opposés que produit chacun de ces partis, qu'il est impossible de dire à l'avance quelle sera l'attitude du successible, quelle détermination il prendra, en présence de l'hérédité qui lui est déférée. Tout dépend des circonstances. Avant de se prononcer, l'héritier présomptif aura nécessairement besoin d'examiner d'une manière réfléchie la consistance, la valeur réelle de la succession dont il est saisi et la loi lui facilite les moyens de se renseigner, en lui donnant un délai pour exercer son droit d'option librement et en parfaite connaissance de cause. Elle lui accorde, pour s'éclairer par un inventaire sur les forces de l'hérédité, trois mois à compter du jour de l'ouverture de la succession, et, pour délibérer sur le parti à prendre, quarante jours à dater de l'expiration de ces trois mois ou de la clôture de l'inventaire, s'il a été terminé avant ce temps ; et si ce délai légal est insuffisant à raison de l'importance de la succession, de l'éloignement des biens ou des contestations survenues, le juge peut accorder un délai de grâce « suivant les circonstances ».

Mais ce délai ne saurait être vraiment utile au successible que s'il lui est permis d'en jouir paisiblement. Les tiers qui ont à exercer des actions contre l'hérédité, notamment les créanciers de la succession voulant obtenir le paiement de ce qui leur est dû, les légataires demandant la délivrance de leurs legs ou les cohéritiers le partage des biens héréditaires et qui s'adressent valablement à celui qui la représente tout au moins provisoirement, c'est-à-dire à l'héritier saisi, ne doivent point pouvoir par leurs poursuites le forcer indirectement à prendre parti, avant l'expiration du temps qui lui est donné pour se prononcer. De là l'article 797 du Code civil qui dispose que « pendant la durée des délais pour faire inventaire et délibérer, l'héritier ne peut être contraint à prendre qualité et il ne peut être obtenu contre lui de condamnation »,

Ainsi l'héritier, qui délibère, n'est pas tenu de répondre de suite aux demandes qui sont valablement formées contre lui en vertu de l'article 724 du Code civil : s'il veut se réserver « l'intégrité de son option », il peut opposer aux poursuivants qu'il est encore dans les délais pour faire inventaire et délibérer et les actions, intentées par les intéressés, ne pourront amener aucune condamnation actuelle contre lui et demeureront en suspens jusqu'à l'expiration de ces délais. Cette défense constitue précisément l'exception dilatoire de l'héritier ou l'exception du délai pour faire inventaire et délibérer.

2. — Les articles 795 et suivants du Code civil n'ont d'autre but que d'organiser un bénéfice analogue à l'ancien *tempus deliberandi* des Romains, concilié et fondu aujourd'hui avec le bénéfice d'inventaire. Dans l'ancien droit civil romain, l'héritier externe ou volontaire restait entièrement étranger à la succession, tant qu'il n'avait pas fait adition ou ne s'était pas immiscé : tout le temps nécessaire lui était laissé pour s'éclairer sur les forces réelles du patrimoine qui lui était offert : la crainte d'une usucapion *pro herede* fut à cette époque la seule raison qui put le déterminer à se hâter. Les intérêts des créanciers et des légataires, ou même des héritiers appelés au défaut de l'institué, pouvaient donc se trouver gravement compromis par l'indécision prolongée de l'héritier. Aussi le préteur, s'inspirant de l'usage que les testateurs avaient un moment introduit de déterminer par une *institution avec crétion* le temps qu'ils accordaient à leurs héritiers pour se prononcer, passé lequel, l'héritier qui n'avait point accepté la succession en était privé, prit de son côté l'habitude de fixer lui-même à l'héritier un délai pour prendre parti.

Ce délai était accordé, tantôt aux créanciers ou autres

intéressés et imposé sur leur réquisition à l'héritier, qui, sur l'interrogation du magistrat, déclarait n'être pas décidé à prendre immédiatement parti, tantôt à l'héritier lui-même sur sa propre demande ; il s'assurait ainsi l'avantage de pouvoir délibérer sans être troublé, sans être obligé de répondre aux demandes formées par les divers ayants droit. Gaius nous dit en effet : « *Solet prætor postulantibus creditoribus hereditariis tempus constituere intra quod si velit (heres) adeat hereditatem ; si minus, ut liceat creditoribus bona defuncti vendere* (II, 167) ; » et on lit au Digeste : « *Qui interrogatur an heres, vel quota ex parte sit ... ad deliberandum tempus impetrare debet, quia, si perperam confessus fuerit, incommodo adficitur* » (L. 5, *De interr.*, XI, 1). « *Ait prætor : si tempus ad deliberandum petet, judicium dabo* » (L. 1, § 1°, *De jure delib.*, XXVII, 8).

Le préteur avait le droit de régler d'après les circonstances la durée de ce délai, mais, suivant le jurisconsulte Paul (L. 2, D. *De jure delib.*), il ne pouvait être moindre de cent jours : « *Itaque pauciores centum dierum non sunt dandi* » et, s'il se trouvait insuffisant, une prolongation pouvait être accordée pour des *motifs graves*. Si l'héritier laissait expirer le délai sans accepter l'hérédité, il était considéré comme renonçant et les créanciers faisaient vendre les biens aux enchères, s'il n'y avait pas de substitués ou d'héritiers plus éloignés (Gaius, *loc. cit.*).

Justinien conserva le *tempus deliberandi*, même après la création du bénéfice d'inventaire, mais à regret, semble-t-il, et avec diverses modifications. « Après une réforme empreinte de tant d'élévation et d'équité », comme il le dit lui-même dans ses Institutes, il juge inutile l'ancienne institution prétorienne. Il laisse cependant à l'héritier le droit de demander au magistrat, comme autrefois, un délai pour délibérer, mais une telle demande est regardée comme une renonciation au bénéfice d'inventaire et l'héritier, qui ne s'est pas prononcé *intra datum tempus*, est réputé acceptant (L. 22, §§ 13 et 14, *De jure delib.*, C., VI, 30). C'était en vue de punir ceux qui négligeraient de recourir au bénéfice d'inventaire et ces mesures aboutissaient à la suppression indirecte de la faculté que le droit honoraire donnait de demander un délai pour délibérer.

Le délai de cent jours fut porté à neuf mois et l'empereur put accorder une année entière, mais aucune prolongation n'était plus possible. Pendant le *tempus deliberandi*, aucune action ne pouvait être intentée contre l'héritier, en même temps que toute prescription était suspendue à son profit, ce qui tenait surtout au principe que la qualité d'héritier s'acquérait par l'adition ou l'immixtion. « *Nulla erit licentia eos vel inquietare, vel ad judicium vocare* (Inst., *loc. cit.*, § 11).

Dans l'Ancien Droit français, l'Ordonnance de 1667, suivie dans les pays de droit écrit comme dans les pays coutumiers, reconnut également la nécessité de limiter dans un certain délai le droit d'option de l'héritier, lorsque des tiers se trouvaient intéressés à ce que le régime successif fût promptement fixé.

Avant cette Ordonnance en effet, l'héritier, tant qu'il n'avait pas jugé à propos d'accepter la succession, pouvait se mettre à l'abri des poursuites des créanciers ou des légataires en venant déclarer au juge qu'il s'abstenait : « *Sufficit abstinuisse* », nous dit Tiraqueau. Les créanciers héréditaires ne savaient donc le plus souvent à qui s'adresser et ils étaient exposés, même en présence d'un héritier connu, à former des demandes frustratoires.

L'Ordonnance de 1667 dans son titre VII remédia à leur

situation incertaine, en empruntant au droit romain son institution prétorienne, mais en s'en écartant sur plusieurs points essentiels : « L'objet principal de l'Ordonnance, dit Rodier, a été, d'une part, de donner à l'héritier un certain temps qu'elle a cru suffisant pour n'accepter ou ne répudier qu'*avec connaissance de cause*, pendant lequel délai il ne pourrait être inquiété par les poursuites des demandeurs, et d'autre part, elle a voulu qu'après ce délai, les demandeurs ne fussent plus arrêtés, et que l'héritier amené en jugement fût forcé de prendre qualité (1). » Ce temps de répit était désormais accordé *de plein droit* à l'héritier et il était rendu compatible avec le bénéfice d'inventaire (2). En outre, la quotité du délai n'était plus laissée à l'appréciation du juge, comme chez les Romains. Il était de trois mois depuis l'ouverture de la succession pour faire inventaire et de quarante jours pour délibérer, à dater de l'expiration de ces trois mois ou de la clôture de l'inventaire, s'il avait été achevé plus tôt. En cas d'insuffisance du délai pour faire inventaire, l'article 4 du titre VII de l'Ordonnance permettait d'en obtenir en justice la prolongation, suivant les circonstances, sans préjudice du délai pour délibérer. Les actions étaient valablement intentées contre le successible, mais elles se trouvaient paralysées par une exception dilatoire jusqu'à l'expiration de ce double terme et toute prescription à son profit était suspendue. Les créanciers de la succession ne pouvaient par suite obtenir de condamnation contre lui, ni faire vendre les biens héréditaires : on leur permettait seulement de pratiquer des saisies-arrêts dans un but conservatoire.

Le Code civil conserva avec raison cette équitable ins-

(1) Rodier, *Quest. sur l'ord. de* 1667, tit. VII, art. 3, quest. 1re.
(2) Sallé, *L'esprit des ordon. de Louis XIV*, I, p. 54.

titution et ses dispositions, ainsi que celles du Code de procédure, sont sauf quelques modifications, la reproduction presque littérale des articles de l'Ordonnance de 1667.

Le délai pour faire inventaire et délibérer est accordé aussi de plein droit au successible; il n'a plus besoin, comme en droit romain, de le demander au tribunal, en tant qu'il se renferme dans le délai légal. S'il est poursuivi durant ce temps et qu'il veuille revendiquer l'avantage du délai, il oppose l'exception dilatoire au poursuivant et les juges ne peuvent que constater le bien-fondé de sa prétention et prononcer le sursis réclamé (1).

Pour étudier l'exception dilatoire de l'héritier, nous aurons à rechercher dans cette première section quelles sont exactement les successeurs qui peuvent se prévaloir de l'exception ; nous nous occuperons ensuite des conditions d'exercice de l'exception et déterminerons principalement le montant et le point de départ du délai pour l'opposer, ainsi que le moment où elle doit être présentée. Nous verrons dans une deuxième section les effets que produit l'exception. Nous terminerons, et ceci fera l'objet d'une troisième section, par l'examen des délais judiciaires et des frais de l'exception.

3. — Le délai pour faire inventaire et délibérer et par suite l'exception dilatoire, qui en résulte, appartient à l'héritier, dit l'article 795 du Code civil ; par conséquent, à l'héritier mineur ou interdit, aussi bien qu'au majeur, car si les représentants de ces incapables ne peuvent qu'accepter sous bénéfice d'inventaire la succession à laquelle ils sont appelés, ils peuvent aussi la répudier et le délai leur est également nécessaire pour cette option limitée (art. 461, 509, C. civ.).

---

(1) Demolombe, XIV, n° 267 ; Aubry et Rau, VI, p. 422, § 614 ; Laurent, IX, n° 271 : Fuzier-Herman. *Rép.*, v° *Bénéf. d'invent.*. n° 110.

On admet également sans difficulté que chaque héritier jouit de l'exception individuellement et séparément et a toujours le droit de l'opposer pour réclamer le bénéfice du terme légal ou même de la prorogation judiciaire malgré la décision prise par ses cohéritiers (1).

Le Code civil et le Code de procédure n'accordent expressément l'exception dilatoire qu'à l'héritier légitime ou naturel (L. 26 mars 1896), mais d'autres successeurs universels ont également intérêt à se rendre compte, avant de se prononcer, des forces exactes de la succession, or, peuvent-ils réclamer l'avantage d'un délai identique à celui de l'héritier pour procéder à un inventaire qu'ils ont qualité pour faire et pour réfléchir sur le parti à prendre, en d'autres termes, jouissent-ils du bénéfice de l'exception dilatoire en cas de poursuites de la part des créanciers héréditaires ou autres intéressés ? L'insuffisance et parfois même le silence des textes sur la situation de ces divers successeurs universels ont donné lieu à d'assez graves difficultés sur cette question.

Les dispositions relatives à l'acceptation et à la répudiation des successions sont de toute évidence inapplicables aux successeurs irréguliers. En effet les successeurs irréguliers n'ont pas la saisine : la forme légale de l'acceptation est pour eux la demande d'envoi en possession des biens héréditaires, adressée au tribunal de 1re instance dans l'arrondissement duquel la succession s'est ouverte, et leur abstention et leur silence impliquent suffisamment qu'ils entendent rester étrangers à la succession. Ils ont non seulement le droit de faire inventaire pour s'éclairer et déterminer d'une manière régulière la consistance des biens héréditaires, mais sont même obligés, d'après l'in-

____

(1) Chabot, art. 800, n° 1 ; Bilhard, *Tr. du bénéf. d'invent* . n° 54 ; Demolombe. XIV, n° 268.

tention du législateur (art. 769 et 770, C. civ.), de justifier de l'accomplissement de cette mesure préalablement
à la demande d'envoi en possession ou tout au moins
avant le jugement du tribunal qui prononce sur cette demande. Cependant ils n'ont pas, dans ce but, un certain
laps de temps, comme l'héritier, qui pourtant n'est assu-
jetti à une semblable obligation que s'il veut accepter sous
bénéfice d'inventaire. C'est qu'en effet un tel délai leur est
inutile puisque, n'étant pas saisis de plein droit de la succession, ils ne représentent pas l'hérédité et sont par suite
à l'abri des actions héréditaires passives, tant qu'ils restent dans l'inaction et évitent une prise de possession de
fait (1). Les successeurs irréguliers sont donc assurés de
pouvoir prendre sans contrainte toutes les mesures propres à les. renseigner ; les inconvénients pratiques que
peut offrir une abstention prolongée de leur part se trouvent atténués par la faculté pour les intéressés, qui veu-
lent exercer leurs droits contre la succession, d'en faire
déclarer la vacance et de la faire pourvoir d'un curateur
en la personne duquel ils la poursuivront. Mais comme
dans aucun cas la succession ne peut être réputée vacante,
ni le curateur nommé, avant l'expiration des délais pour
faire inventaire et délibérer. les successeurs irréguliers
en fait sont assurés d'un délai de réflexion de même durée. passé lequel, s'ils sont disposés à recueillir la succession, ils peuvent empêcher la déclaration de vacance en
se faisant envoyer en possession. L'envoi en possession,
qui est pour eux la reconnaissance judiciaire de leur qualité de successeurs universels du défunt. les assimile définitivement à des héritiers et les soumet désormais, comme
acceptants. aux poursuites intentées par les créanciers

____

(1) Demolombe. XIII. n° 156 ; Aubry et Rau, VI, p. 607.

héréditaires (1). L'exception dilatoire ne s'applique donc pas aux successeurs irréguliers, puisque, à aucun moment, ils ne peuvent l'opposer.

M. Garsonnet la leur accorde cependant dans l'hypothèse particulière où la demande d'envoi en possession n'aurait été faite qu'avec des réserves impliquant la volonté de ne pas accepter la succession et de conserver le droit d'y renoncer ensuite (2). L'exception dilatoire serait alors utile aux successeurs irréguliers pour écarter les poursuites des tiers.

Cette opinion repose sur un argument d'analogie tiré de ce que l'habile à succéder peut, par des réserves, prendre le titre d'héritier dans un acte instrumentaire sans accepter par là la succession (3). Mais l'analogie n'est qu'apparente. On ne saurait évidemment traduire la prise du titre d'héritier dans le sens d'une acceptation expresse de la succession devant l'intention formellement exprimée du successible de ne pas se porter héritier. L'acceptation s'induit de la présomption attachée par la loi à ce fait de l'habile à succéder (art. 778, C. civ.) : or cette présomption légale doit et peut céder devant la preuve contraire et surtout devant les réserves et protestations du successible qui la neutralisent complètement.

Mais l'acceptation du successeur irrégulier qui se fait envoyer en possession n'est pas expresse, elle est *tacite*, car la demande d'envoi constitue essentiellement par sa nature et son objet, non pas une prise de la qualité d'héritier, mais un acte supposant nécessairement la volonté de recueillir la succession, d'agir en maître de l'hérédité et

(1) Demolombe, XIII, n° 160 ; Baudry-Lacantinerie et A. Wahl, *Tr. des success.*, I, n° 1047.

(2) II, § 305, p. 408, note 10.

(3) Demolombe, XIV, n° 390 ; Aubry et Rau, VI, p. 387 ; Civ. cass., 1er août 1809, Sir., 10, 1, 8.

emportant acceptation ; elle ne peut en effet s'expliquer autrement. Or l'acceptation tacite ne peut être évitée par des réserves de l'héritier. C'est ici le cas d'appliquer la maxime : « *Protestatio contra actum non valet.* » Il doit donc en être de même pour le successeur irrégulier. Ses réserves sont impuissantes à empêcher l'effet de la demande d'envoi en possession, car ces protestations « sont démenties par la nature de l'acte qu'il a fait ». *Facta sunt potentiora verbis multoque amplius est facere quam pronuntiare,* disait Mornac sur la loi 4, Cod. *de non numerat.* Les successeurs irréguliers n'ont donc pas, même dans cette hypothèse, à recourir à l'exception dilatoire, puisqu'ils sont tenus de subir les poursuites des tiers.

Pour les légataires et donataires universels, la question doit se résoudre par une distinction adoptée par presque tous les auteurs.

Les légataires universels et les donataires universels de biens à venir ou institués contractuels, qui n'ont pas la saisine lorsqu'ils viennent en concours avec des héritiers réservataires, et les légataires à titre universel et les donataires d'une quote part de biens à venir, qui ne jouissent jamais de la saisine, n'ont pas à se prévaloir de l'exception dilatoire. Ces divers successeurs, quelle que soit la mesure de leur obligation relativement au paiement des dettes de la succession, ne peuvent pas être poursuivis par les tiers, tant qu'ils ne demandent pas à qui de droit la délivrance des biens compris dans le legs ou dans l'institution et cette demande, une fois faite, a pour effet de les soumettre à l'action des ayants droit. L'exception dilatoire, qui leur est inutile avant la demande en délivrance, leur serait refusée après : ils n'ont donc jamais à la proposer.

La solution inverse doit être admise pour les légataires

universels saisis, lorsque le testateur n'a pas laissé d'héritiers à réserve ou que les héritiers à réserve ont renoncé, ainsi que pour les donataires universels de biens à venir, dans l'opinion la plus généralement suivie, qui leur accorde la saisine à défaut d'héritiers réservataires. Les effets de la saisine sont les mêmes pour eux que pour l'héritier légitime ou naturel, aussi devons-nous les autoriser à faire usage de la faculté, laissée aux héritiers *ab intestat* de revendiquer les délais pour faire inventaire et pour délibérer et, par une conséquence nécessaire, à opposer l'exception dilatoire pour arrêter les poursuites qui sont valablement dirigées contre eux dès la mort du testateur ou de l'instituant. Les mêmes motifs qui ont fait établir cette exception pour les héritiers militent en leur faveur (1).

Cette solution, acceptée aujourd'hui par nombre d'auteurs, a été autrefois contestée par la raison que les légataires et donataires universels n'étant tenus des dettes que jusqu'à concurrence de l'émolument, ne courent aucun risque d'accepter et n'ont par conséquent besoin d'aucun délai pour faire inventaire et délibérer (2). C'est là une erreur manifeste. Même en concédant que le légataire ou donataire universel ne soit jamais tenu indéfiniment des dettes, ce qui n'est plus guère soutenable ni soutenu de nos jours, il n'en reste pas moins que ces successeurs ont toujours intérêt à faire un inventaire exact et à s'autoriser des délais pour y procéder, soit pour établir à l'encontre des créanciers héréditaires la consistance et la valeur des biens qu'ils vont recueillir, soit pour s'assurer de l'état de

---

(1) Cass., 10 juin 1807, Sir., 7.1.291 ; Dall., *Répert. A.*, v⁰ *Success.*, n⁰ 745 ; Turin, 14 août 1809, Sir, 10.2.229 ; Fouët de Conflans, *Des success.*, art. 795 ; Garsonnet, II, § 305, p. 408 ; Dalloz, *Rép.*, v⁰ *Scellés et inventaire*, n⁰ 175 ; Chauveau sur Carré, II, quest. 755.

(2) Pigeau, *Proc. civ.*, I, p. 159.

la succession et voir s'il ne leur serait pas plus avanta-
geux de répudier une succession dont les charges absor-
bent visiblement l'actif, afin de s'épargner les difficultés
et l'embarras d'une liquidation onéreuse. Le délai de trois
mois et quarante jours pour faire inventaire et pour délibérer leur est donc nécessaire, ainsi que l'exception dilatoire pour le faire respecter.

Mentionnons enfin que dans les deux cas de substitu-
tions permises, lorsque la disposition à charge de rendre
constitue une donation universelle de biens à venir ou un
legs universel, les grevés de restitution, enfants, frères ou
sœurs du disposant, ont droit pareillement à l'exception
dilatoire, soit en qualité d'héritiers, soit en qualité de donataires ou légataires universels saisis ; l'obligation, qui
leur est imposée dans l'intérêt des appelés de dresser inventaire dans les trois mois de l'ouverture de l'institution
(art. 1058 et 1059, C. civ.), n'a aucune influence sur cette
décision (1).

4. — L'exception dilatoire suppose que le successible
se trouve dans les délais pour faire inventaire et délibérer et qu'il n'a pas encore exercé son option. Elle implique donc deux conditions :

1° Le successible est dans les délais d'inventaire et de
délibération ;

2° Il n'a pas encore pris parti.

Si l'une de ces conditions manque, l'exception ne peut
être opposée.

Examinons chacune d'elles, en prenant d'abord la dernière, qui ne demande pas de longues explications.

Le successible, pour être recevable à opposer l'exception, doit n'avoir pas encore pris parti. En effet l'exception

____

(1) Dalloz, *Rép.*, v° *Scellés et inventaire*, n° 175-5° ; Garsonnet, II, § 305,
p. 410, note 27.

lui est accordée uniquement pour le mettre à même de prendre une détermination en connaissance de cause ; il ne peut donc être question d'exception dilatoire, lorsque le successible s'est prononcé. A-t-il renoncé à la succession, il n'est plus héritier et les poursuites des divers intéressés ne peuvent être valablement dirigées contre lui ; a-t-il au contraire accepté purement et simplement, il représente définitivement la succession et il est évident que, dès ce moment, il est tenu de défendre aux actions héréditaires, sans pouvoir en différer l'examen.

Il en serait de même au cas d'acceptation bénéficiaire, puisqu'il n'y a plus d'incertitude sur le parti à prendre. Cette solution est toutefois .contestée, lorsque le successible a déclaré accepter bénéficiairement avant d'avoir fait inventaire. Certains auteurs lui reconnaissent encore le droit d'invoquer l'exception dilatoire pour profiter du délai de trois mois pour dresser inventaire (1). M. Demante va même plus loin et décide qu'il doit bénéficier également du délai de quarante jours pour délibérer ; l'héritier, dit-il, peut encore choisir entre le titre d'héritier bénéficiaire et celui d'héritier pur et simple, et, suivant le parti qu'il prendra, il se déterminera plus ou moins facilement à payer, s'il y a lieu, sur ses biens personnels, voilà son intérêt à jouir des délais de trois mois et quarante jours (2). Ces opinions ne nous paraissent pas fondées, car, après avoir accepté bénéficiairement, le successible devient héritier et on ne voit pas ce qui l'empêcherait d'être exposé aux poursuites des créanciers. Il peut, il est vrai, avoir besoin d'un certain temps pour se mettre au courant des affaires de la succession, mais ce seul motif ne saurait l'autoriser à invoquer l'exception

(1) Malpel, n° 193 ; Bilhard, *op. cit.*, n° 52.
(2) III, n° 117 *bis*.

dilatoire. La loi ne parle que du successible qui n'a pas pris qualité, il faut s'en tenir à son texte (1).

5. — Il faut en outre, avons-nous dit, pour que le successible puisse opposer l'exception, qu'il soit dans les délais pour faire inventaire et délibérer. En effet, il n'est armé en principe de l'exception que pendant la durée de ces délais dont l'article 795 du Code civil fixe la quotité.

Cet article donne au successible un délai de trois mois pour faire inventaire, à compter du jour de l'ouverture de la succession et un autre de quarante jours pour délibérer. Bien que la loi semble attribuer à chacun de ces délais une destination spéciale, il est généralement reconnu aujourd'hui que le successible peut à son gré employer une partie du délai pour délibérer à terminer l'inventaire qui n'a pas été achevé dans les trois mois ou même à le commencer, puisque, d'après l'article 797, il ne peut être tenu de prendre qualité qu'à l'expiration des quatre mois et dix jours, somme des deux délais. Les tiers n'ont donc personnellement aucun intérêt à s'y opposer, le délai de quarante jours étant toujours acquis, et tout ce qui en résultera, dit fort bien M. Demante. c'est que l'héritier aura d'autant moins de temps pour délibérer utilement (2).

Cependant, si l'inventaire a été achevé avant l'expiration des trois mois, les articles 795 et 174 du Code de procédure font courir le délai de quarante jours du jour de la

(1) Trib. civ. Anvers, 20 mai 1882, *Pasicrisie*, 82.3.244 ; Toulouse, 4 novembre 1887, *Gazette du Palais*, 87.2.578 ; Boitard et Colmet Dâàge, I, n° 371 ; Aubry et Rau, VI, p. 423, § 614, note 7 ; Garsonnet, II, p. 400, § 304, note 13 ; Duranton, VII, n° 22.

(2) Toulouse, 27 janvier 1818, *Journ. du Palais*, à sa date : Demante, III, n° 118 *bis* : Chabot, art. 795, n° 3 ; Zachariæ, Aubry et Rau, IV, § 614, p. 294, texte et note 3 : Massé et Vergé, II, § 381, p. 320, texte et note 4 ; Bilhard, *Du bénéf. d'invent.*, n° 52 ; Demolombe. XIV. n° 266 *bis* ; Aubry et Rau, VI, § 614, p. 422, texte et note 3 ; Laurent, IX, n° 268 ; Fuzier-Herman, art. 795, n° 4 ; Garsonnet, II, § 303, p. 396, note 6 : V. cep. Blondeau, *Tr. de la sépar. des patrim.*, p. 614, note 2.

clôture de l'inventaire, retirant ainsi sans motif au successible le prix de sa diligence.

Si le défunt ne laisse pas de meubles dans sa succession, un procès-verbal de carence remplace l'inventaire et le délai pour délibérer court du jour de la confection de ce procès-verbal (1).

L'exception dilatoire peut donc durer légalement trois mois et quarante jours depuis l'ouverture de l'hérédité ; mais, en faisant d'une manière générale partir de ce jour les délais pour faire inventaire et délibérer, le législateur, selon toute apparence, n'a pensé qu'au successible placé au premier degré dans l'ordre de successibilité. Si ce successible vient à mourir pendant les délais pour faire inventaire et délibérer, sans avoir pris parti, ses héritiers, par la force même des choses, jouiront pour exercer le droit d'option, qui leur a été transmis par le défunt, du délai de trois mois et quarante jours qui leur est accordé, suivant le droit commun pour se prononcer sur sa propre succession. En effet ils ne peuvent prendre aucune décision relativement à l'hérédité dévolue à leur auteur, sans faire acte d'héritier, sans accepter par suite la succession de celui-ci.

Et il n'y a pas à distinguer, selon nous, pour la même raison, si l'inventaire de la succession, échue au défunt, était ou n'était pas déjà fait lors de la mort de celui-ci. On opposerait vainement que l'article 1461 du Code civil décide, au contraire, que si la veuve meurt, *ayant terminé l'inventaire* des biens de la communauté, ses héritiers n'auront pour délibérer qu'un nouveau délai de quarante jours : la situation n'est pas en effet la même. L'inventaire de la communauté suffit pour renseigner en même temps les héritiers de la veuve sur la consistance de la commu-

____

(1) Carré, *Les lois de la proc.*, II, quest. 759 ; Bioche, *Dict. de proc.*, vº *Inventaire*, nº 23.

nauté et sur celle de sa succession, un nouveau délai d'inventaire leur était donc inutile, tandis que l'inventaire de la première succession dressé par le défunt ne fait nullement connaître à ses héritiers les forces réelles de sa propre succession sur laquelle ils sont avant tout intéressés à prendre parti (1).

Lorsque l'héritier n'est appelé à la succession que postérieurement au décès, par suite de la *renonciation* du successible du degré plus proche, le délai ne court que du jour de cette renonciation. On ne saurait raisonnablement dans cette hypothèse, malgré la fiction de la rétroactivité de la saisine, le faire commencer dès l'ouverture de la succession, puisque, à cette époque, cet héritier n'avait aucun droit à la succession et que le délai pourrait ainsi se trouver achevé, avant qu'il ait pu le mettre à profit. Ce n'est donc qu'à dater de la renonciation de l'héritier premier saisi que courent, soit le délai de trois mois et quarante jours, soit seulement le délai de quarante jours pour délibérer, si l'inventaire a été fait par l'héritier renonçant (2).

Quelques auteurs vont même plus loin et ne font partir ces délais que du jour où l'héritier a eu *connaissance de la renonciation* (3). Peut-on équitablement, disent ces auteurs, faire courir un délai quelconque contre un héri-

(1) Chabot. art. 795, n° 6 ; Bilhard. *op. cit.*, n° 55 ; Zachariæ, Aubry et Rau, IV, § 614, p. 294, texte et note 4 ; Demante, III, n° 102 *bis* II ; Laurent, IX, n° 268 ; Aubry et Rau, VI, p. 423, § 614, texte et note 4 ; Demolombe, XIV, n° 271 ; Garsonnet, II, § 703, p. 396, note 6 ; Baudry-Lacantinerie et Wahl, *op. cit.*, n° 1321.

(2) Marcadé, art. 795 ; Duranton, VI, n° 470 ; Aubry et Rau, VI, p. 426, § 614, texte et note 20 ; Laurent, IX, n° 270 ; Huc, V, n° 212 ; Fuzier-Herman, *Rép.*, v° *Bénéfice d'inventaire*, n° 113 ; Zachariæ. Aubry et Rau, IV, p. 296, § 614. texte et note 16 ; Vazeille, art. 795. n° 2 ; Hureaux. II, n° 268 *bis* ; Baudry-Lacantinerie et Wahl, I, n° 1323.

(3) Duranton, VI, n° 470 ; Massé et Vergé, II, § 381, p. 319, note 2 ; Demolombe, XIV, n° 269 ; Garsonnet, II, § 303, p. 396, note 5.

tier qui est dans l'impossibilité d'agir, puisqu'il ignore sa vocation ?

Cette considération ne saurait avoir aucune influence sur la solution de la question, car la même éventualité peut se présenter pour le successible premier appelé, qui peut, lui aussi, par suite de diverses circonstances, ne pas avoir connaissance du décès de son auteur ; or le délai légal n'en court pas moins indistinctement contre lui du jour de l'ouverture de la succession (art. 795). La rigueur apparente de cette disposition est tempérée par la faculté, qui lui est laissée, de s'adresser à la justice pour obtenir une prorogation de délai, qui a été précisément établie en partie, comme nous le verrons, pour remédier à l'insuffisance du délai légal, dans le cas où l'héritier a ignoré le décès du défunt (art. 799, C. civ.). Il doit en être de même au cas de renonciation du successible premier saisi : le délai légal de trois mois et quarante jours court donc du jour même de la renonciation, qui équivaut, pour l'héritier du degré subséquent, à l'ouverture de la succession ; et si ce successible n'en a pas eu connaissance, il aura la ressource d'invoquer l'article 799 et de demander au juge un nouveau délai.

6. — Cette faculté légale de faire inventaire et de délibérer dans un laps de temps déterminé présente un certain caractère d'ordre public (1). En effet le droit de réflexion, attaché, comme la saisine, à la qualité d'héritier, n'a pas été institué dans l'intérêt exclusif du successible, mais aussi dans l'intérêt des créanciers héréditaires, et, s'il permet à l'héritier présomptif d'éviter les dangers d'une option précipitée, il constitue en même temps

____

(1) Demolombe, XIV, n° 267 ; Laurent, IX, n° 271 ; Aubry et Rau, VI, p. 424, § 614 ; Fuzier-Herman, art. 795, n° 7 ; Baudry-Lacantinerie et Wahl, I, n° 1325.

pour les tiers une garantie contre une inaction prolongée de sa part.

Aussi est-on d'accord pour admettre qu'aucune volonté particulière ne saurait porter atteinte à ce droit. *Juri publico pactis privatis derogari non potest* (art. 6 et 900, C. civ.). L'héritier jouit intégralement du délai qui lui est accordé, malgré toute disposition entre vifs ou testamentaire qui le supprimerait ou en restreindrait la durée et la volonté de son auteur ne pourrait indirectement l'en priver, en ordonnant, par exemple, que le paiement des créances ou la délivrance des legs aient lieu immédiatement après son décès, pas plus que les offres que feraient les légataires de fournir caution pour la restitution de leurs legs, s'il y avait lieu.

Le délai n'est pas davantage susceptible d'augmentation de la part du testateur au préjudice des tiers; le juge seul, comme nous le verrons, a ce droit dans des cas exceptionnels laissés à son appréciation (1).

7. — L'exception dilatoire doit être proposée par le successible; le tribunal ne peut y suppléer d'office, sans statuer *ultra petita*. Elle peut être présentée par requête grossoyée, signifiée d'avoué à avoué. La partie adverse peut y répondre de la même manière; l'audience est ensuite poursuivie sur un simple avenir, sans autre procédure. La requête, ainsi que la réponse, ne doivent pas excéder six rôles (tarif, art. 75). Les écritures sont toutefois purement facultatives: on pourrait se borner à signifier de simples conclusions, non grossoyées (2).

---

(1) Turin, 14 août 1803, S. 10.2.229; Laurent, *op. et loc. cit.*; Aubry et Rau, VI, § 614, p. 424, texte et note 10; Demolombe, *op. et loc. cit.*; Joccoton, *Revue de législat.*, 1851, XLI, *Except. du délai pour faire inventaire*, p. 193; Baudry-Lacantinerie et Wahl, I, nos 1326 et 1327.

(2) Carré, Chauveau, II, quest. 760.

L'exception doit en outre être proposée avant toute défense au fond, *in limine litis* (art. 186, C. pr.). Si en effet le successible, au lieu de s'opposer de suite aux poursuites, répond à la demande formée contre lui et discute la prétention de son adversaire, il se trouve, par cela même, déchu du droit de réclamer les délais pour faire inventaire et pour délibérer, et de se prévaloir de l'exception dilatoire. Le fait de figurer dans l'instance et de soutenir la défense des intérêts de l'hérédité entraîne immixtion volontaire de la part du successible, acceptation tacite de la succession ; par suite, non seulement le créancier a le droit de le faire condamner comme héritier pur et simple, mais cette qualité d'héritier lui est irrévocablement attribuée vis-à-vis de tout intéressé (1). Le successible formulerait vainement des réserves de faire valoir son exception dilatoire, après avoir débattu le mérite du fond, il serait impuissant à détruire la portée de son acte, qui implique nécessairement une intention contraire et surtout à éluder la disposition formelle de l'article 186 (2).

On admet au contraire sans difficulté que les exceptions des trois premiers paragraphes du titre des exceptions au Code de procédure, c'est-à-dire les exceptions de la caution des étrangers, d'incompétence *ratione personæ* et de nullité, peuvent être proposées avant l'exception dilatoire, parce que ce sont des exceptions touchant à un vice de procédure personnel au successible. Il faut bien, dit Pigeau, commencer par déterminer, quel sera le juge qui statuera sur le sursis que le successible va demander, ou si l'assignation qui donne lieu à l'exception du délai

(1) Lepage, *Quest. sur le Code de proc.*, I, p. 159 ; *Contrà*: Carré, Chauveau, II, quest. 758 ; Joccoton, *op. cit.*, § 3.

(2) Rennes, 11 septembre 1813, *Journ. du Palais*, à sa date ; Bordeaux, 20 mars 1826 et Bourges, 13 février 1829, *Journ. du Palais*, à leur date ; Joccoton, *op. cit.*, p. 208 ; Carré, Chauveau, II, quest. 758.

est valable, « le juge du fond devant être celui des exceptions » (1). Il en serait autrement des exceptions qui procèdent de la succession, l'habile à succéder ne doit les proposer qu'à l'expiration des délais, lorsqu'il aura pris qualité.

On a faiblement attaqué ce système en prétendant que le successible n'a pas d'intérêt actuel à la contestation élevée, puisqu'il ne s'est pas encore reconnu la qualité d'héritier et que les poursuites sont condamnées à l'immobilité ? Pourquoi dès lors le contraindre à commencer, par exemple, par décliner la compétence du tribunal devant lequel il est assigné et quelle serait l'utilité d'une telle discussion, si le successible, après les délais, se détermine à renoncer à la succession et fait ainsi tomber la demande dirigée contre lui (2).

Cette doctrine ne saurait être exacte, qu'autant que le vice de procédure, l'incompétence par exemple, existerait par rapport à la succession ; en pareille hypothèse le successible n'aurait évidemment, ni intérêt, ni qualité pour présenter le déclinatoire avant son exception dilatoire, puisqu'il s'exposerait à faire acte d'héritier, en élevant une exception qui appartient à l'hérédité. Les mêmes considérations n'existent plus quand les exceptions sont dans l'intérêt particulier du successible ; il doit donc les présenter avant de réclamer le sursis des poursuites (argum. art. 166, 169, 173, C. pr. civ.).

Le successible qui est assigné devant un tribunal de commerce, pendant les délais pour faire inventaire et délibérer, peut opposer l'exception dilatoire et le tribunal prononcer le sursis et même au besoin la prolongation des

_____

(1) Pigeau, *Comment.*, I, p. 413 ; Chauveau, sur Carré, quest. 787 *bis* ; Dalloz, *Rép.*, v° *Exceptions*, n° 367 ; Conf. Delzers, *Proc. civ.*, II, p. 245.
(2) Lepage, I, p. 160 ; Bioche, *Dict. de procéd.*, v° *Inventaire*, n° 53.

délais, mais, si le demandeur prétend que les délais sont expirés ou que le successible a pris la qualité d'héritier, la contestation soulevée est renvoyée à l'examen du tribunal civil, car c'est là une question purement civile pour laquelle le tribunal est incompétent *ratione personæ*. Aussi doit-il se déclarer incompétent même d'office pour juger ces questions (art. 426, C. co.).

L'exception peut être également proposée en justice de paix. Mais si l'habile à succéder veut obtenir une prorogation de délai, ou conteste sa qualité d'héritier, le juge de paix doit renvoyer les parties devant la juridiction civile.

SECTION II. — **Effets de l'exception.**

8. — L'exception dilatoire qui est accordée à l'héritier présomptif implique que les tiers intéressés peuvent valablement l'actionner sans attendre l'expiration des délais pour faire inventaire et délibérer : c'est là, nous l'avons dit, une des conséquences de la saisine. Les demandes, formées avant l'échéance de ces délais, sont en effet régulières, procèdent bien et Pothier dit fort justement « que les créanciers et les légataires ne sont pas obligés d'en donner d'autres après l'expiration des délais » (1). On ne

---

(1) Grenoble, 1er floréal an IX, Dall., *Rép.*, v° *Successions*, n° 740 ; Civ. cass., 10 juin 1807, Sir., 7.1.291 ; Trib. com. Lyon, 17 août 1849, D. 49. 3.95 ; Paris, 16 août 1851, Sir. 51.2.763, Dal., 52.2.231 ; Pau, 22 mai 1888, Dall., 89.2.191 ; Chabot, art. 797, n° 2 ; Duranton, VII, n° 20 ; Delaporte, art. 797 ; Fouët de Conflans, art. 797, n° 2 ; Troplong, *Tr. de la prescript.*, II, n° 808 ; Marcadé, art. 2259, n° IV ; Toullier, IV, n° 367 ; Demante, III, n° 120 ; Aubry et Rau, VI, § 614, p. 423, texte et note 5 ; Laurent, IX, n°s 267 et 275 ; Fuzier-Herman, art. 797, n°s 4 et 5 ; Huc, V, n° 214 ; Vigié, II, n° 176 ; Garsonnet, II, § 304, p. 397, note 1 ; Demolombe, XIV, n° 279 ; Chauveau sur Carré, II, quest. 756 ; Boitard et Colmet-Dââge, I, n° 371.

pouvait, en effet. sans injustice, retirer momentanément
aux différents intéressés le droit d'agir, car ils ont souvent un intérêt capital à exercer leurs actions, immédiatement après l'ouverture de la succession, afin d'éviter
certaines déchéances. Leurs demandes, étant valables,
produisent tous les effets de droit attachés aux demandes
en justice et notamment l'interruption de prescription
(art. 2245, C. civ.) et le cours des intérêts moratoires
(art. 1154). Ces solutions sont certaines (1). La prescription en effet n'est plus aujourd'hui suspendue, comme au
temps de Justinien, pendant les trois mois et quarante
jours pour faire inventaire et délibérer ; elle court, soit
au profit de la succession, soit contre elle (art. 2259), et
il faut bien que les créanciers puissent l'interrompre,
pendant la durée des dits délais, pour conserver leurs
droits.

L'ancienne jurisprudence l'admettait déjà généralement ; cependant, pour les intérêts, la question était discutée et Pothier, après avoir enseigné (2) que les demandes formées pendant les délais ne font pas courir les intérêts, par la raison que ces intérêts sont la peine de la
demeure où se trouve le débiteur de payer, *Usuræ debentur
ex mora*, et que l'on ne peut considérer, comme étant en
demeure, l'héritier qui jouit du bénéfice des délais, avait
adopté l'opinion contraire (3), déjà suivie par Lebrun (4),
et qui doit encore être préférée aujourd'hui. Ce serait en
effet établir là une distinction arbitraire, ne reposant sur
aucun fondement. Comment expliquer que de telles de-

(1) Tous les auteurs de la note précédente, Cass., 10 juin 1807, précité:
Malpel, nᵒ 188 ; Demolombe, XIV, nᵒ 280 ; **Aubry** et **Rau**, VI, p. 424,
§ 614, note 8 ; Garsonnet, II, § 304, p. 398, notes 3 et 4.
(2) *Tr. des success.*, ch. III, sect. V.
(3) *Introd. au tit. XVII de la Cout. d'Orléans*, nᵒ 69.
(4) *Des success.* (Paris, 1775), liv. III, ch. I, nᵒ 41.

mandes interrompent la prescription, sans faire courir les intérêts moratoires, du moment qu'elles sont valables et régulières. Les ayants droit se verraient alors privés des intérêts de leurs créances pendant que l'héritier délibère, ce qui ne se comprendrait guère, surtout pour les légataires particuliers qui ne peuvent y prétendre qu'à compter du jour de leur demande en délivrance (art. 1014, C. civ.) et même pour les légataires à titre universel, dans l'opinion qui les assimile à cet égard aux légataires particuliers.

9. — Les instances sont donc utilement engagées pendant le temps des délais ; seulement l'héritier, actionné en cette qualité, a la faculté d'arrêter les poursuites commencées, en excipant des délais dans lesquels il se trouve, s'il veut se réserver sa liberté complète d'option ; car la défense au fond sur ces demandes constituerait de sa part un acte d'héritier, qui non seulement autoriserait, s'il y succombe, à le condamner en cette qualité, mais qui, à tout événement, lui imprimerait ce titre et s'il ne s'opposait pas aux poursuites, il serait réputé avoir renoncé au droit introduit en sa faveur et condamné, le cas échéant, par l'effet de la saisine.

Si, au contraire, l'héritier prend parti aussitôt la demande formée, il ne jouit pas de l'exception dilatoire qui n'a plus désormais d'utilité.

L'article 797 du Code civil détermine les effets de l'exception proposée par l'héritier : « Pendant la durée des délais pour faire inventaire et délibérer, dit-il, l'héritier ne peut être contraint à prendre qualité et il ne peut être obtenu de condamnation contre lui. »

L'effet spécial et caractéristique de l'exception est donc de suspendre, jusqu'à l'expiration des délais d'inventaire et de délibération, l'instruction et le jugement des de-

mandes qui peuvent entraîner une condamnation contre
l'héritier présomptif ou le forcer à prendre qualité. La
cause reste en l'état jusqu'à ce qu'ils soient révolus : l'exception n'a pas d'autre résultat ; elle ne peut faire annuler
les assignations données et n'en détruit pas les effets. Ce
n'est qu'une trêve que le successible a le droit d'obtenir.

10. — Les termes précis de l'article 797 montrent d'une
manière évidente que l'héritier n'est fondé à proposer
l'exception dilatoire que pour se dispenser de prendre qualité pendant les délais et éviter toute condamnation qui
lui donnerait ce titre ; il ne pourrait donc pas l'opposer
indistinctement à toutes les demandes dirigées contre lui
et, notamment, aux mesures provisoires ou aux actions
qui ont un but purement conservatoire et ne peuvent compromettre son droit d'option.

Le successible n'a pas besoin en effet de prendre le titre
d'héritier pour défendre à des demandes provisoires ou
conservatoires, puisqu'il peut former des demandes de
pareille nature en la seule qualité de représentant provisoire de la succession (art. 779).

De là la distinction des demandes provisoires ou conservatoires, auxquelles l'exception dilatoire ne saurait être
opposée, et des demandes entraînant prise de qualité ou
condamnation, qui peuvent être, au contraire, momentanément ajournées par cette exception. Cette distinction est
certaine en théorie, mais soulève toutefois des difficultés
d'application.

Ainsi les créanciers héréditaires peuvent pendant les
délais, sans s'exposer à l'exception dilatoire, prendre toutes les mesures provisoires, exercer tous les actes conservatoires de leurs droits, pourvu toutefois que ces actes ne
portent point sur les biens personnels de l'héritier (1),

____

(1) Chabot, art. 797, n° 2 ; Demolombe, XIV, n° 281 ; Laurent, IX, n° 275;

notamment, interrompre des prescriptions, signifier des protêts, requérir des inscriptions hypothécaires (1) ou l'apposition des scellés (2), empêcher une coupe de bois (3). Les locataires des immeubles dépendant de la succession peuvent former contre l'héritier des demandes en congé, en réparations urgentes et le successible est tenu de répondre à ces demandes sans pouvoir se retrancher derrière l'exception dilatoire.

De même, le créancier, obligé de fournir au défunt une caution légale ou judiciaire, est autorisé à poursuivre le successible en réception de la caution et à en faire prononcer l'admission contre lui, même pendant les délais pour faire inventaire et délibérer (4).

Il est aussi généralement admis que la signification prescrite par l'article 877 du Code civil, pour rendre exécutoires contre l'héritier les titres qui étaient exécutoires contre le défunt, est valablement faite pendant les délais ; ce n'est pas en effet un acte d'exécution qui puisse compromettre la position de l'habile à succéder, c'est seulement un acte préliminaire pour y parvenir, qui a même l'avantage d'éclairer le successible sur les charges de la succession et par conséquent de le mettre à portée de faire son option en plus grande connaissance de cause. Mais quoique les huit jours fixés par l'article soient expirés, l'exécution n'en pourra être poursuivie si l'héritier s'y oppose et réclame le bénéfice de l'article 797 (5).

Rousseau et Laisney, *Dict. de procéd.*, v° *Exceptions*, n° 230 ; Carré et Chauveau, II, quest. 757 ; Dalloz, *Rép.*, v° *Exceptions*, n° 365 ; Garsonnet, II, § 304, p. 399, note 12 ; Joccoton, *Rev. de législat.*, XLI, p. 195 ; Fuzier-Herman, *Rép.*, v° *Bénéf. d'invent.*, n° 135.

(1) Chabot, art. 797, n° 2 ; Demolombe, XIV, n° 281.

(2) Garraud, *De la déconfiture*, p. 229.

(3) Besançon, 9 février 1827, Dall., 27.2.132 ; Sir. 27.2.129.

(4) Trib. de comm. Lyon, 17 août 1849, Dall., 49.3.95 ; Fuzier-Herman, *Rép.*, v° *cit.*, n° 143 ; Garsonnet, II, § 304, p. 398, texte et note 7.

(5) V. en ce sens : Paris, 29 décembre 1814, Sir., 16.2.50 ; Duranton,

On ne doit pas cependant regarder comme une mesure conservatoire le dépôt, entre les mains des créanciers héréditaires, d'une partie des deniers de la succession. Les créanciers ne pourraient donc pas obtenir, au cours des trois mois et quarante jours, cette distribution provisoire de deniers qui n'est évidemment pas de sa nature un des actes d'administration que l'habile à succéder a le droit d'accomplir à raison de leur caractère de nécessité et d'urgence (1).

Aucun doute sérieux ne s'élève donc relativement aux précédentes demandes, mais il en est tout autrement de la demande en reconnaissance ou en vérification d'écriture et des actes d'exécution pratiqués sur les biens de la succession et c'est une question très controversée que de savoir si l'exception dilatoire leur sera opposable.

11. — On a voulu appliquer la dénomination d'actes conservatoires aux demandes en reconnaissance ou en vérification de la signature du défunt, en se basant sur le caractère d'urgence de ces sortes de demandes et sur ce que la déclaration à intervenir ne constitue pas précisément une condamnation et ne contraint point l'héritier à prendre qualité, lorsque le créancier évite de conclure au paiement de la dette (2).

Cette opinion repose, selon nous, sur une idée inexacte.

VII. nᵒ 458 ; Joccoton. *Rev. de législ.*. XLI, p. 196 ; Fouët de Conflans, art. 877. nᵒ 4 et art. 797, nᵒ 1 ; Demolombe, XIV, nᵒ 281 ; Aubry et Rau, VI, p. 423. § 614. texte et note 6 ; Laurent, IX, nᵒ 275 ; Vazeille, art. 877, nᵒ 2 ; Poujol. art. 877, nᵒ 2 ; Huc. V, nᵒ 406 ; Fuzier-Herman, art. 797, nᵒ 7 ; Garsonnet, II. p. 399, § 304. note 12 ; Baudry-Lacantinerie et Wahl, I. nᵒ 1340.

(1) V. dans notre sens: Baudry-Lacantinerie et Wahl, I, nᵒ 1338; *Contrà* : Paris. 11 fructidor an XIII. Dall.. *Rép.*. vᵒ *Success.*. nᵒ 750 ; Garsonnet, II. § 304, p. 398.

(2) Toullier, IV, nᵒ 367 : Vazeille, art. 797, nᵒ 2 ; Poujol. art. 797, nᵒ 1.

Le créancier, porteur d'un écrit sous seing privé émanant du défunt, demande au successible de reconnaître volontairement l'écriture de son auteur ou de défendre à l'action intentée, afin de la faire tenir contre lui pour reconnue (art. 193, C. pr.).

Or, la reconnaissance volontaire de l'écrit constitue au fond un engagement de l'héritier envers le créancier de la succession, une reconnaissance de la dette héréditaire, qui sort de ses pouvoirs d'administrateur et emporte par suite prise de qualité.

Quant à la procédure de vérification, elle se termine par un jugement, qui déclare sans doute que l'écriture attribuée au défunt est bien de sa main, mais qui tient en même temps cette écriture pour reconnue contre le successible qu'il considère donc comme héritier ; n'est-ce pas là, en réalité, une condamnation portant atteinte au droit d'option du successible ? Aussi la majorité des auteurs se prononce-t-elle avec raison pour l'admission de l'exception dilatoire contre de pareilles demandes qui seraient formées pendant les délais pour faire inventaire et délibérer (1).

12. — La même difficulté se présente au sujet des voies d'exécution et donne lieu à de nombreuses divergences d'opinions chez les auteurs. Les créanciers, munis de titres exécutoires contre le défunt, peuvent-ils, après avoir fait la notification prescrite par l'article 877 et pendant les délais d'inventaire et de délibération, pratiquer des saisies sur les biens meubles ou immeubles de la succession, sans que le successible ait le droit d'y faire surseoir par le tribunal.

(1) V. en ce sens : Cass., 10 juin 1807, précité ; Demolombe, XIV, n° 282 ; Joccoton, *Revue de législ.*, XLI, p. 196 ; Garsonnet, II, § 304, p. 399, note 12 ; Baudry-Lacantinerie et Wahl, *op. cit.*, I, n° 1344.

Trois opinions principales ont été soutenues sur cette question controversée. Une première opinion déclare qu'aucune saisie, soit mobilière, soit immobilière, ne peut être faite par les créanciers et que toute poursuite de ce genre, pendant les délais dont il s'agit, est frappée de nullité, puisque la pensée du législateur a été de « donner à l'héritier le moyen de se livrer, avec sécurité et sans embarras, à l'examen de la succession », sans pouvoir être contraint par des poursuites quelconques à prendre qualité avant l'expiration des délais (1). L'un des partisans de ce système (2) permet cependant en toute hypothèse la saisie-arrêt et même les autres saisies, lorsqu'il y a péril en la demeure et qu'il s'agit d'éviter une prescription ou une déchéance. Joccoton (3) n'admet pas le même tempérament : il interdit aux créanciers tout acte d'exécution, en les autorisant seulement à notifier un commandement pour interrompre une prescription imminente.

Dans une deuxième opinion, au contraire, on reconnaît formellement aux créanciers, qui ont un titre exécutoire, le droit de procéder, pendant les délais, à des actes d'exécution sur les biens héréditaires, sans que l'exception dilatoire puisse leur être opposée (4).

Le décès du débiteur, dit-on en faveur de ce système, n'a pas pu enlever aux créanciers, porteurs de titres exécutoires, la faculté d'en poursuivre l'exécution sur les biens de la succession ou de continuer les poursuites

(1) Bilhard, *Tr. du bénéf. d'invent.*, nº 59 ; Chabot, art. 797, nº 2 qui professe, il est vrai, l'opinion contraire sous l'article 877.

(2) Bilhard, *op. et loc. cit.*

(3) *Revue de législat.*, XLI, p. 197.

(4) Bioche, *Dict. de procéd.*, vº *Exécution des jug.*, nº 27 ; Zachariæ, Aubry et Rau, IV, p. 294, note 6 ; Laurent, IX, nº 275 ; Baudry-Lacantinerie et Wahl, I, nº 1334.

commencées du vivant de leur débiteur. Ils conservent donc le droit de pratiquer immédiatement des saisies mobilières ou immobilières, par cela seul qu'aucun texte ne le leur retire. L'exception dilatoire, admise par la loi, ne concerne pas l'exécution forcée des actes : le seul objet de l'exception est d'éviter au successible des condamnations qui le frapperaient personnellement et atteindraient ses biens propres avant qu'il ait pu connaître les forces et les charges de l'hérédité et décider la qualité qu'il prendra. Or, dans le cas de poursuites sur saisie, le jugement de condamnation ou l'acte ayant force exécutoire est antérieur à l'ouverture de la succession et les diverses saisies n'empêchent pas l'héritier de se livrer aux opérations de l'inventaire et ne peuvent affecter en rien sa liberté d'option. L'article 797 n'est donc pas applicable aux voies d'exécution ; il implique, d'ailleurs, une contestation et une instance contre le successible. Or, la procédure des différentes saisies, principalement celle des saisies mobilières, exercées en vertu d'un titre susceptible d'exécution parée, ne constitue pas une instance et n'amène pas de condamnation contre l'héritier. Si cependant, au cours des poursuites, l'héritier présomptif jugeait nécessaire, dans l'intérêt de la succession, de soulever quelque incident et de proposer des moyens de nullité, « de côter, comme on dit, quelque nullité », il ne serait pas tenu de prendre qualité pour figurer dans l'instance qui s'engagera : « car ce rôle de pure défensive, qu'il soutiendrait comme administrateur de la succession et comme *negotiorum gestor*, en sa qualité d'habile à se porter héritier, n'impliquerait point de sa part une acceptation (1). » Enfin, on ne s'expli-

---

(1) Comp. Paris, 29 pluviôse an XI, Dall., *Rép.*, n° 455 ; Riom, 13 février 1821, Dalloz, *Rép.*, v° *Success.*, n° 456 ; Vazeille, art. 778, n° 3 ; Ducaurroy, Bonnier et Roustain, II, n° 607.

querait pas pourquoi l'exercice du droit de poursuite
des créanciers sur les biens de la succession se trouverait
suspendu pendant la durée des délais pour faire inventaire et délibérer, puisque les biens héréditaires sont
et demeureront le gage commun de ces créanciers qui,
pourront toujours, quel que soit le parti que prenne le
successible, les faire saisir et les faire vendre pour obtenir le paiement de ce qui leur est dû.

Une dernière opinion enseigne que les créanciers peuvent bien procéder valablement à des actes d'exécution
sur les biens héréditaires pendant les délais, mais que le
successible peut de son côté s'opposer aux poursuites et
y faire surseoir, en se prévalant de son exception dilatoire (1). C'est là une doctrine mixte qui nous paraît devoir être suivie.

Les deux précédentes ont en effet le grave défaut de
méconnaître complètement la disposition de l'article 797
ou d'en faire une application trop étroite. La première
opinion, en effet, crée une interdiction et une nullité
qu'aucune loi ne prononce et les distinctions arbitraires,
que ses partisans sont obligés de proposer, démontrent
l'inexactitude de leur solution.

Quant à la deuxième, elle s'attache uniquement au texte
de l'article 797 qui ne mentionne effectivement que les
condamnations. Mais nous pensons, avec les auteurs de
la dernière doctrine, que la question doit se décider d'a-
près l'esprit de cet article. L'intention du législateur, telle
qu'elle ressort de l'ensemble des dispositions sur la matière, a été d'assurer au successible les moyens de se ren-

____

(1) Demolombe, XIV, n° 284 ; Fouët de Conflans, art. 797, n° 2 ; Vazeille,
art. 797, n° 3 : Aubry et Rau, VI, § 614, p. 423, note 6 ; Chauveau sur Carré,
II, quest. 757, note ; Fuzier-Herman, *Rép., v° Bénéf. d'invent.*, n°* 145,
148 et 149 ; Garsonnet, II, § 304, p. 399, note 12.

dre compte en toute liberté, dans le délai qui lui est accordé, de la consistance de la succession dont il est saisi.

L'exception dilatoire doit donc permettre au successible d'arrêter toutes les poursuites qui n'auraient pas un caractère essentiellement conservatoire ; elle doit lui éviter l'ennui et l'embarras de soutenir les procès d'une hérédité, à laquelle il deviendra* peut-être plus tard étranger par une renonciation, et le dispenser de répondre aux demandes à un moment où il ignore peut-être encore tous les titres et éléments de défense à invoquer en faveur de la succession.

Il est d'ailleurs excessif de dire que les voies d'exécution, en général, ne constituent pas une instance et n'aboutissent à aucune condamnation contre l'héritier. Il faut reconnaître que la procédure de la plupart des saisies mobilières, pratiquées en vertu d'un titre paré, est entièrement extra-judiciaire, mais on ne peut pas en dire autant de la saisie-arrêt et surtout de la saisie immobilière.

La saisie-arrêt est bien, au début et pendant un certain temps, une mesure conservatoire se pratiquant en dehors de la justice, mais elle cesse bientôt d'être un acte conservatoire et devient une mesure d'exécution, formant une instance, à partir du moment où le créancier saisissant assigne le débiteur saisi en validité de la saisie-arrêt.

De même la procédure d'expropriation forcée d'un immeuble a un caractère particulier qui ne permet pas qu'elle soit poussée jusqu'à son dernier terme pendant les délais d'inventaire et de délibération. Elle est une véritable instance qui donne lieu le plus souvent à de nombreux incidents. Le saisi y est partie appelée et nécessaire, car il devient dans une certaine mesure vendeur et est tenu de l'obligation de garantie ; enfin elle se termine par un jugement qui lui fait injonction de délaisser l'immeuble.

L'héritier délibérant ne saurait donc être contraint de figurer dans les diverses phases de cette procédure, car il lui serait impossible de conserver le rôle passif qu'il a le droit de jouer durant les délais et surtout ne pourrait intervenir en sa seule qualité d'administrateur, de représentant de la succession, contrairement à ce que soutient la deuxième opinion. Nous sommes donc amenés à appliquer l'article 797 à la saisie-arrêt et à la saisie immobilière, puisque ces deux voies d'exécution sont, sans aucun doute, de véritables instances qui obligent indirectement l'héritier à prendre prématurément parti.

Pour les autres saisies mobilières, les mêmes motifs ne peuvent plus évidemment être invoqués. Le créancier qui les pratique, ainsi que nous le faisions observer, ne s'adresse pas à la justice, sauf dans le cas où le débiteur soulève contre lui quelque incident. Les poursuites et la vente elle-même ne portent atteinte qu'au patrimoine du défunt, gage des créanciers ; mais il nous paraît contraire à l'esprit de la loi de laisser le successible désarmé contre des actes de cette importance. Les saisies mobilières sont précédées d'un commandement qui le met en demeure de payer dans le plus bref délai, sous peine de voir saisir et vendre les biens héréditaires. Or le successible, qui ne s'est pas encore prononcé, ne peut satisfaire à cette mise en demeure des créanciers poursuivants et effectuer le paiement qu'on lui demande, puisqu'un tel paiement emporterait de sa part acceptation de la succession. Il serait donc injuste de lui refuser le droit d'arrêter la saisie et la vente forcée des biens de la succession, car il peut avoir intérêt, s'il se décide à accepter plus tard, à désintéresser les créanciers pour conserver en nature les biens de son auteur et empêcher les frais qu'entraînerait leur expropriation.

Nous admettrons, pendant les délais pour faire inventaire et délibérer, le commandement et même la saisie, ainsi que les actes nécessaires pour assurer l'effet de cette saisie ; jusque là, en effet, la procédure garde un caractère conservatoire, mais les poursuites, ainsi engagées par les créanciers, ne pourront provisoirement aboutir à une exécution définitive par la vente des biens, si le successible forme opposition aux poursuites et se prévaut de l'exception dilatoire.

La jurisprudence est divisée sur cette importante question (1). Elle se prononce cependant de préférence pour l'admission de l'exception dilatoire dans l'hypothèse de la saisie immobilière, en tirant argument de ce que cette poursuite n'est pas un simple acte d'exécution, mais constitue une véritable instance, ce qui peut faire douter qu'elle admette la même solution au cas de saisie mobilière. La Cour de Douai a rendu un arrêt s'opposant au sursis demandé à la vente des meubles de la succession, mais il est à noter que la Cour se base principalement sur le caractère privilégié des poursuites, exercées par l'administration de l'enregistrement, dont les droits sont réglés par des lois spéciales (2).

Nous rencontrons cependant une hypothèse où notre solution semble être en conflit avec un texte du Code de procédure civile, celle d'un jugement rendu par défaut contre partie, faute d'avoir constitué avoué. L'article 157 du Code de procédure oblige la partie qui a obtenu ce jugement par défaut de l'exécuter dans les six mois, à l'expiration desquels le jugement non exécuté est périmé, est

----

(1) Dans notre sens : Bordeaux, 30 juillet 1834, Sir., 34.2.688, Dall., *Rép.*, v° *Success.*, n° 743 ; Angers, 17 août 1848, Sir., 48.2.751, Dall., 49.2.15. — *Contrà* : Paris, 16 août 1851, Dall., 52.2.231, Sir., 51.2.763 ; Orléans, 20 août 1812, Dall., *Rép.*, v° *Saisie-exécution*, n° 25.

(2) Douai, 4 mars 1812, Sir., 12.2.392, Dall., *Rép.*, v° *Success.*, n° 472.

réputé non avenu. Supposons qu'un créancier du défunt ait entre les mains un jugement de cette nature, dirons-nous que, dans ce cas, le créancier aura le droit, pour éviter une péremption imminente, de ramener ce jugement à exécution sur les biens de la succession pendant les délais d'inventaire et à une exécution complète, effective, telle que l'entend l'article 159 du Code de procédure ? Ou bien obligerons-nous le créancier à laisser anéantir son titre, à le laisser prescrire, pour maintenir, en faveur du successible, le bénéfice de l'exception dilatoire ?

Il n'est pas nécessaire, selon nous, de retirer au successible, en cette circonstance, l'avantage de l'exception dilatoire, pour préserver le créancier d'une déchéance irrémédiable. Il est, en effet, généralement reconnu que, pour empêcher le jugement rendu par défaut contre le défunt de tomber par prescription faute d'avoir été exécuté dans les six mois de son obtention, le créancier n'est pas obligé d'achever complètement l'exécution imposée, lorsqu'il se trouve dans l'impossibilité absolue de continuer les poursuites.

Prenons quelques exemples : un jugement par défaut a été rendu contre une administration publique, l'enregistrement, l'État, une commune. Aucune voie d'exécution sur les meubles ou sur les immeubles ne peut être pratiquée pour éviter la prescription du jugement et se conformer à l'article 159. On est bien forcé ici de se contenter de la simple signification du jugement, suivie d'un commandement, c'est la seule mesure d'exécution permise (1).

De même au cas de déclaration de faillite, le commerçant étant dessaisi de l'administration de ses biens et la

____

(1) Colmar, 27 juin 1838, *Journal du Palais*, 38, II, p. 312.

masse des créanciers lui étant substituée en la personne des syndics, toute poursuite individuelle est interdite et les voies d'exécution sont par suite suspendues. Le jugement par défaut, signifié aux syndics, est réputé exécuté, puisqu'il a reçu ainsi toute l'exécution dont il était susceptible (1).

Ces exemples nous montrent donc que le créancier, muni d'un jugement par défaut rendu contre le défunt, n'est aucunement menacé de la prescription, si le successible arrête au moyen de son exception dilatoire les poursuites d'exécution qu'il engage sur les biens de la succession, puisqu'il a toujours au moins fait notifier le jugement à l'héritier avec commandement, au moment où le tribunal surseoit aux contraintes (2).

13. — L'exception dilatoire pourrait être opposée pareillement à une action quelconque intentée par un cohéritier du successible et, notamment, à la demande en partage formée pour faire cesser l'indivision. Les auteurs sont unanimes à le reconnaître, malgré le léger motif de douter qui vient de ce que la loi garde le silence sur ce point et que, dans les articles 795 à 800, elle a eu principalement en vue les relations des héritiers avec les créanciers et les légataires.

Il y a d'ailleurs les mêmes raisons de décider et les termes de l'article 797 sont assez généraux pour comprendre les condamnations prononcées à la requête des cohéritiers, par exemple la condamnation à rembourser la part d'une dette indivisible payée par ces derniers et, par cela même, la décision judiciaire qui forcerait à prendre une mesure définitive impliquant chez le défendeur la qualité d'héritier (3).

(1) Rouen, 21 novembre 1826, *Journ. du Palais*, à sa date.
(2) Conf. Joccoton, *Rev. de législat.*, XLI, p. 198.
(3) Req. rej., 3 août 1808, Sir., 8.1.490 ; Lyon, 21 mai 1831, Sir., 32.2.

Mais il est bien évident que l'exception dilatoire ne pourrait être opposée aux instances qui concernent des questions personnelles à l'héritier, spécialement à la demande qui serait fondée précisément sur le motif que le successible serait déchu du bénéfice des délais, soit par une acceptation expresse ou tacite, soit par une acceptation forcée à la suite d'un divertissement ou d'un recel d'objets héréditaires (1).

SECTION III. — **Des délais judiciaires et des frais de l'exception.**

14. — Pour bien se rendre compte des résultats produits par l'exception dilatoire, il faut envisager successivement les diverses hypothèses dans lesquelles le successible peut se trouver.

Si, à l'expiration du délai légal de trois mois et quarante jours, et même avant ce terme, s'il a voulu éviter des lenteurs, le successible a fait acte d'acceptation expresse ou tacite, il a dès lors opté, il s'est décidé à prendre l'un des trois partis qui lui sont réservés par la loi ; le régime successif se trouve irrévocablement fixé et l'exception dilatoire est désormais sans objet. L'instance, un moment suspendue, suit alors son cours naturel en vertu de l'ajournement primitif et les condamnations, qui seraient prononcées contre l'héritier, pourraient être exécutées, soit quant au

197 ; Pau. 22 mai 1888. Dall., 89.2.191 ; Demolombe, XIV, n° 273 ; Zachariæ, Aubry et Rau, IV, § 614, page 293, note 2 ; Toullier, IV, n° 345 ; Favard, v° *Renonciation*, § 1, n° 16 ; Massé et Vergé sur Zachariæ, p. 319, § 381, texte et note 1 ; Aubry et Rau, VI, § 614, p. 422 ; Laurent, IX, n° 265 ; Huc, V, n° 214 ; Fuzier-Herman, v° *Bénéf. d'invent.*, n° 137.

(1) Bruxelles, 30 juin 1827, *Journ. du Palais* à sa date ; Rennes, 22 décembre 1847, Dall., 49.2.110 ; Demolombe, XIV, n° 285 ; Fuzier-Herman, v° *Bénéf. d'invent.*, n° 156 ; Baudry-Lacantinerie et Wahl, I, n° 1343.

principal, soit quant aux frais de l'instance, sur les biens de la succession et sur ses biens propres indistinctement ou seulement sur les biens héréditaires, suivant qu'il a accepté purement et simplement ou sous bénéfice d'inventaire.

Si au contraire il a renoncé, étant encore dans les délais ou au moment de leur expiration, l'action intentée contre lui s'éteint et le procès lui demeure étranger, car le successible, qui a renoncé, non seulement n'est plus héritier, mais est réputé ne l'avoir jamais été. Cependant, dans ce cas, malgré la rétroactivité que donne à la renonciation l'article 785 du Code civil, on doit décider que les demandes, dirigées contre l'habile à succéder antérieurement à sa renonciation, subsistent contre la succession avec tous les effets qui leur sont propres et continuent, soit avec l'héritier d'un degré subséquent, soit avec le curateur, s'il ne se trouve pas d'héritier. La prescription demeure donc interrompue et les intérêts moratoires continuent de courir, car les tiers se sont adressés à celui qui avait seul qualité pour recevoir les demandes dirigées contre la succession.

Si enfin, au moment où les délais expirent, le successible n'a pas encore pris qualité, il n'est frappé d'aucune déchéance, seulement il n'a plus en principe l'exception dilatoire. Les poursuites, engagées contre lui pendant les délais et provisoirement suspendues, reprennent alors leur cours sans nouvel ajournement et le successible est mis en demeure de s'expliquer et de prendre un parti immédiat, car il ne peut plus davantage retarder les demandes des intéressés (1).

Lorsque le successible n'a pas été l'objet de poursuites au cours du délai légal, il conserve le droit de prolonger

____

(1) Toulouse, 5 février 1883, *Gazette du Palais*, 1882-83.1.412.

ses délibérations et d'exercer librement son droit d'option,
tant que personne ne l'attaque et que la prescription n'a
pas définitivement fixé sa situation, puisque l'expiration
des délais n'emporte par elle-même aucune déchéance
(art. 800, C. civ.) (1). Mais, dès qu'il est poursuivi, il est
obligé également de se prononcer et de répondre aux demandes qui lui sont adressées. — Dans cette hypothèse,
comme dans la précédente, si le successible garde le silence et ne défend pas aux instances engagées contre lui,
il est condamné par défaut comme héritier pur et simple,
si la prétention du poursuivant est reconnue fondée. On
présume qu'il n'a rien à opposer à la demande et qu'il a accepté la qualité que l'ajournement a entendu lui donner.
C'est ce qui résulte de l'article 174 du Code de procédure,
dernier alinéa, et de l'article 800 ainsi conçu : « L'héritier conserve néanmoins, après l'expiration des délais accordés par l'article 795, même de ceux donnés par le juge,
la faculté de faire encore inventaire et de se porter héritier bénéficiaire, s'il n'a pas fait d'ailleurs acte d'héritier,
ou s'il n'existe pas contre lui de jugement passé en force
de chose jugée, qui le condamne en qualité d'héritier pur
et simple. » Mais, lorsqu'un jugement de cette nature est
passé en force de chose jugée, profite-t-il seulement au
créancier qui l'a obtenu, conformément au principe de
l'autorité relative de la chose jugée (art. 1351), ou bien
peut-il être invoqué même par toute autre personne étrangère à cette décision judiciaire, qui aurait intérêt à faire
déclarer le successible déchu de son droit d'option. C'est
là une question célèbre qui s'est élevée sur l'article 800
et sur le dernier alinéa de l'article 174 du Code de procé-

____

(1) Cass. civ., 5 février 1806, Devilleneuve, *Rec.*, à sa date ; Trib.
Seine, 2 juillet 1888, *Gazette du Palais*, 1888, 2, *Suppl.*, 67.

dure qui en est la reproduction. Sans examiner cette controverse qui sort du cadre de notre sujet, nous dirons que l'on ne doit reconnaître à ce jugement qu'une autorité toute relative, suivant le principe de l'article 1351 du Code civil reproduisant l'ancienne maxime : *Res inter alios judicata, aliis neque nocere neque prodesse potest.*

Rien n'indique en effet dans la discussion qui s'est produite sur l'article 800 que l'on ait voulu consacrer une aussi grave dérogation au droit commun. C'est d'ailleurs la solution qu'applique la jurisprudence et c'est celle aussi qui paraît prévaloir en doctrine. Le successible n'aura donc cette qualité d'héritier pur et simple qu'à l'égard du créancier, au profit duquel le jugement a été rendu, et, vis-à-vis de tous les autres tiers intéressés, il conserve le droit d'accepter sous bénéfice d'inventaire ou de renoncer.

Toutefois nous ferons remarquer que la qualité d'héritier pur et simple pourrait lui être imputée avant même que la condamnation ne soit prononcée, s'il défendait à l'instance engagée contre lui, même sans prendre le titre d'héritier, et, dans ce cas, il serait héritier *erga omnes*. Le fait seul de soutenir un procès qui ne rentre pas dans les instances relatives à l'administration et qui ne présente aucun caractère de nécessité ni d'urgence emporte, en effet, acceptation tacite de la succession. L'héritier n'a pas, en effet, des pouvoirs aussi étendus que ceux de certains administrateurs qui ont qualité, comme le tuteur, pour soutenir tous les procès relatifs aux biens dont ils ont l'administration.

L'article 800 s'applique donc exclusivement soit à l'hypothèse où le successible aurait été condamné par défaut, sans défendre au fond, soit à celle où il se trouverait avoir succombé dans un procès qu'il aurait soutenu sans accepter, par cela même, la succession, à raison de son objet ou de son caractère purement conservatoire.

15. — Nous avons dit que le successible, qui n'a pas pris qualité pendant le délai légal pour faire inventaire et délibérer, n'est plus, en principe, après son expiration, recevable à opposer l'exception dilatoire. Cependant la loi lui offre le moyen d'obtenir la prorogation de ce délai de trois mois et quarante jours qui n'est pas en effet un délai de rigueur. L'article 798 porte : « Après l'expiration des délais ci-dessus, l'héritier, en cas de poursuite dirigée contre lui, peut demander un nouveau délai, que le tribunal saisi de la contestation accorde ou refuse suivant les circonstances. » Le successible, qui a été poursuivi pendant le délai légal comme celui qui l'a été, pour la première fois, après l'expiration de ce délai, peut solliciter un nouveau délai du tribunal devant lequel il est traduit. Les délais légaux peuvent être insuffisants par suite de l'importance de la succession, de l'éloignement des biens héréditaires ou des difficultés survenues, la fortune du défunt provenant par exemple de diverses successions non liquidées et d'une liquidation difficile. L'héritier peut même avoir ignoré le décès de son auteur et l'ouverture de la succession. Il était donc juste de réserver au successible la faculté d'obtenir une prolongation de délai du tribunal qui décidera d'après les circonstances particulières de la cause. Comme la loi ne pouvait prévoir tous les cas où un nouveau délai serait nécessaire, elle a dû s'en rapporter à la prudence et à la sagesse des juges qui sont investis, sur ce point, d'un pouvoir discrétionnaire d'appréciation. Les juges peuvent accorder un nouveau délai, alors même que le successible ne justifierait pas rigoureusement de l'insuffisance du délai légal. La disposition de l'article 174 ne contredit pas cette solution, comme on

l'a soutenu. « Tout ce qui résulte de cet article, disent fort bien MM. Baudry-Lacantinerie et Wahl, c'est que le juge *doit* accorder un nouveau délai au successible qui justifie de l'insuffisance du délai légal ; mais il ne s'ensuit pas que le juge ne *puisse* pas accorder un délai à celui qui ne fait pas cette justification » (1).

De plus le tribunal peut non seulement concéder un *nouveau délai* de faveur, comme l'indique l'article 798, mais même successivement plusieurs autres, si les circonstances les rendent nécessaires ; à cet égard, le nombre et la durée des délais sont entièrement laissés à l'arbitraire des juges (2). S'il y a plusieurs héritiers, la prorogation peut être accordée aux uns et refusée aux autres (3).

Les délais judiciaires sont concédés aussi bien pour faire inventaire que pour délibérer (4). L'Ordonnance de 1667 (tit. VII, art. 4) n'autorisait, il est vrai, la concession d'un nouveau délai que si l'inventaire n'avait pu être fait dans les trois mois, ajoutant qu'en ce cas il serait accordé un délai convenable pour faire inventaire et quarante jours pour délibérer. Mais une telle restriction ne se trouve pas dans l'article 798, siège de la matière, dont les termes

---

(1) *Tr. des success.*, nᵒ 1347 ; Chabot, art. 799, nᵒˢ 2 et 3 ; Poujol, art. 797-799, nᵒ 4 ; Demolombe, XIV, nᵒˢ 290 et 292 ; Aubry et Rau, VI, p. 424, § 614, note 13 ; Malpel, nᵒ 188 ; Pothier, *Tr. des success.*, ch. III, sect. 5 ; Chauveau sur Carré, II, quest. 761.

(2) Paris, 11 fructidor an XIII, Dall., *Rép.*, vᵒ *Success.*, nᵒ 736 ; Cass., 7 mars 1820, Dall., *Rép.*, *loc. cit.* ; Chabot, art. 798, nᵒ 5 ; Poujol sur les art. 797-799, nᵒ 3 ; Demolombe, XIV, nᵒ 292 ; Massé et Vergé, II, p. 321 ; Aubry et Rau, VI, p. 425, § 614, note 15 ; Laurent, IX, nᵒ 269 ; Fuzier-Herman. art. 798, nᵒ 1 ; Garsonnet, II, p. 396, § 303, note 8.

(3) Bilhard, nᵒ 54 ; Demolombe, XIV, nᵒ 268, 2ᵒ.

(4) Delzers, *Proc. civ.*, II, p. 213 ; Malleville, art. 798 ; Demante, III, nᵒ 121 *bis* ; Demolombe, XIV. nᵒ 293 ; Hureaux, II, nᵒ 110 ; Aubry et Rau. VI, p. 425, § 614, note 14 ; Dalloz. *Rép.*, vᵒ *Success.*, nᵒ 735. — *Contrà* : Carré, Chauveau, II, quest. 761.

généraux permettent aux juges d'accorder un délai « suivant les circonstances ». L'article 174 du Code de procédure déclare bien le contraire : « S'ils justifient que l'inventaire n'a pu être fait dans les trois mois, il leur sera accordé un délai convenable pour le faire, et quarante jours pour délibérer ; ce qui sera réglé sommairement. » Mais sa disposition ne saurait être considérée comme une dérogation d'ailleurs inexplicable à l'article 798 ; elle reproduit textuellement la formule de l'Ordonnance de 1667 qui n'était même pas observée autrefois dans la pratique.

Si la prorogation a été accordée pour faire inventaire, le délai de délibération court du jour, soit de l'expiration du délai judiciaire, soit de la clôture de l'inventaire (1).

Enfin les juges ont toute latitude pour fixer la durée de ces nouveaux délais. M. Demolombe, s'appuyant sur la remarque faite par le tribunal de Cassation dans ses observations sur le projet, pense cependant que la durée du délai judiciaire ne doit pas être supérieure à celle du délai légal (2). Les tribunaux décident d'après les circonstances de la cause. La Cour de Paris, le 11 fructidor an XIII (3), a limité la prolongation à deux mois et le 19 novembre 1812 (4) a accordé, pour faire inventaire et délibérer, un délai de cinq ans à raison de l'éloignement des biens héréditaires qui étaient situés dans une colonie, à cette époque en état de révolution.

Le successible demande une prorogation de délai quand

____

(1) Rodier, sur l'article 4, du tit. VIII de l'Ord. de 1667, quest. 1re ; Delvincourt, II, p. 31, note 4 ; Demolombe, XIV, n° 293 ; Baudry-Lacantinerie et Wahl, I, n° 1351.

(2) Demolombe, XIV, n° 294 ; Fenet, II, n° 571.

(3) *Journ. du Palais*, à sa date, Dalloz, *Rép.*, v° *Success.*, n° 736 ; Vazeille, art. 798, n° 1.

(4) Arrêt sous Cassation Req., 7 mars 1820, Dall., *Rép.*,*loc. cit.*, n° 737 et v° *Degrés de juridiction*, n° 554, 4°.

il est poursuivi par les créanciers héréditaires, avant d'avoir eu le temps de prendre connaissance des affaires de la succession. Aussi l'article 798 ne confère-t-il qu'au « *tribunal saisi de la contestation* » et « en cas de poursuite » dirigée contre l'héritier, le pouvoir d'accorder un nouveau délai après l'expiration de ceux impartis pour faire inventaire et délibérer (1). La demande afin d'obtenir un nouveau délai est formée par requête et jugée sommairement (art. 174). La requête ni la réponse ne peuvent excéder six rôles (Tarif, art. 75). Toutefois, s'il y a urgence, la demande peut être portée à l'audience des référés (art. 944) (2).

Si des poursuites extra-judiciaires avaient été engagées contre l'héritier en vertu d'un titre exécutoire contre le défunt, l'héritier devrait former opposition à ces poursuites en déclarant son intention de demander une prorogation de délai et, après qu'il aurait été assigné sur cette opposition devant le tribunal compétent, ce serait à ce tribunal qui se trouverait alors saisi de la contestation que le successible adresserait sa requête à fin de prorogation.

Le jugement rendu par le tribunal, quelle que soit la décision prise relativement à cette demande d'un nouveau délai, échappe à la censure de la Cour de cassation, car il repose toujours sur une appréciation de circonstances (3).

Les effets des délais judiciaires sont les mêmes que ceux des délais légaux en ce qui concerne le droit de poursuite des intéressés. Le successible recouvre, pendant leur durée, le bénéfice de l'exception dilatoire et ne peut pas être contraint à prendre qualité. Les poursuites des créan-

---

(1) Trib. civ. de la Seine, 20 décembre 1882, *Gazette du Palais*, 82-83. 2.188 ; Garsonnet, II, p. 396, § 303, note 7.

(2) Bioche, *Dict. de proc.*, v° *Inventaire*, n°s 38 et 39.

(3) Cass. Req., 7 mars 1820, précité ; Baudry-Lacantinerie et Wahl, I, n° 1352.

ciers héréditaires, qui ont précisément donné lieu à la prorogation de délai, se trouvent provisoirement arrêtées et les actions nouvelles, qui seraient intentées contre lui, seraient également ajournées jusqu'à l'expiration de ce terme de grâce, si le successible opposait l'exception dilatoire. Toutefois la position de l'héritier pendant le nouveau délai diffère d'une façon notable de celle pendant le délai légal sous le rapport des frais judiciaires exposés, ainsi que nous allons le constater en examinant les frais de l'exception dilatoire.

A l'expiration des délais judiciaires, les diverses éventualités, que nous avons rencontrées pour le successible à l'expiration du délai légal, peuvent se présenter et elles amènent des solutions identiques (art. 800).

16. — Le successible, assigné pendant les délais pour faire inventaire et délibérer, pour bénéficier de la faveur que la loi lui accorde, est nécessairement obligé d'exposer certains frais judiciaires ; il doit constituer avoué pour opposer l'exception dilatoire ; de leur côté, les créanciers héréditaires poursuivants en font également pour former leurs demandes contre lui. Qui supportera ces frais judiciaires ? L'article 797 *in fine* règle cette question : « S'il renonce lorsque les délais sont expirés ou avant, les frais par lui faits légitimement jusqu'à cette époque, sont à la charge de la succession. » Ainsi les *frais légitimement faits* pendant le terme légal sont à la charge de la succession, si le successible renonce ou accepte bénéficiairement au cours du délai ou au moment où il expire (1). Si le successible faisait des frais inutiles, frustratoires, ils resteraient à sa charge ; il s'est, par exemple, laissé condam-

_____

(1) Duranton. VII, n° 20 ; Demolombe, XIV, n° 287 ; Aubry et Rau, VI, p. 424, § 614, texte et note 11 ; Laurent, IX, n° 272 ; Fuzier-Herman, art. 797, n° 19.

ner d'abord par défaut, puis il forme opposition et propose l'exception dilatoire ; les frais de l'exception seront seuls à la charge de la succession ; les autres seront supportés par le successible, puisqu'ils ont été occasionnés par ses lenteurs ou son indécision (1).

Nous ferons remarquer que la loi, en faisant supporter par la succession les frais légitimes faits par le successible ou contre lui pendant les délais d'inventaire et de délibération, veut seulement dire qu'ils ne sont pas à la charge personnelle de l'héritier qui renonce ou qui accepte bénéficiairement. Mais, entre la succession et le demandeur, il y a toujours lieu, bien entendu, à l'application du principe général d'après lequel toute partie qui succombe doit être condamnée aux dépens (art. 130, C. pr.). Dans tous les cas, la succession est tenue d'indemniser le renonçant ou l'héritier bénéficiaire des frais légitimement faits par lui, sauf, le cas échéant, son recours contre la partie poursuivante (2.

Lorsque les délais sont expirés, le successible a évidemment encore le droit de renoncer, mais il ne peut s'affranchir ainsi que des frais de poursuite faits *avant l'expiration des délais* et non de ceux qui auraient été faits contre lui depuis leur échéance jusqu'au moment de sa renonciation. Tel est le sens donné par les auteurs à l'expression employée par l'article 797 « frais faits *jusqu'à cette époque* ». Si le successible avait en effet renoncé immédiatement après l'expiration du terme légal, de nouvelles poursuites n'auraient pu être engagées contre lui et comme celles qui ont eu lieu n'ont été autorisées que par

____

(1) Demolombe, XIV, n° 288.

(2) Chabot, art. 797, n° 3 ; Poujol, art. 797-799, n° 1 ; Baudry-Lacantinerie et Wahl, I, n° 1345.

sa négligence et ses lenteurs à prendre parti, il est juste qu'il en supporte les frais (1).

Toutefois le principe, établi par l'article 797, reçoit exception lorsque le successible obtient un nouveau délai après l'expiration du délai légal. Dans ce cas, dit l'article 799, « les frais de poursuite sont à la charge de la succession, si l'héritier justifie, ou qu'il n'avait pas eu connaissance du décès, ou que les délais ont été insuffisants, soit à raison de la situation des biens, soit à raison des contestations survenues : s'il n'en justifie pas, les frais restent à sa charge personnelle ». Cet article ne prononce donc pas, même en cas de nouveau délai obtenu de la justice, une exemption absolue des frais de poursuite faits après l'expiration du délai légal. Il fait une distinction que Chabot apprécie très justement : « Prévoyant, dit-il, que les tribunaux pourraient accorder des délais, dans des circonstances favorables, quoique la nécessité n'en fût pas rigoureusement prouvée, le législateur a voulu que du moins la crainte de supporter les frais de poursuite, empêchât les héritiers de recourir sans une nécessité réelle à des voies dilatoires, qui sont toujours très préjudiciables aux intérêts des créanciers (2) ». Il résulte en effet de l'article 799 qu'il ne suffit pas que le successible ait obtenu un nouveau délai du tribunal, pour qu'il soit affranchi des frais postérieurs à l'expiration du terme légal, il faut, en outre, qu'il justifie qu'il n'a pas eu connaissance de l'ouverture de la succession ou que les délais ordinaires fixés par l'article 795 ont été insuffisants par suite de l'éloigne-

---

(1) Colmar, 21 décembre 1830, Sir., 32.2.62, Dall., v° *Success.*, n° 739 ; Poitiers, 7 janvier 1831, *Journ. du Palais*, à sa date ; Lyon, 21 mai 1831, Sir.,32.2.197 ; Bordeaux, 6 août 1833, Sir., 34.2.47 ; Limoges, 23 juillet 1838, Dalloz, 39.2.86 ; Massé et Vergé sur Zachariæ, II, p. 321 ; Fuzier-Herman, art. 797, n° 21.

(2) Chabot, art. 799, n° 3.

ment des biens héréditaires ou des contestations survenues. Les juges n'ont donc pas pour exempter l'héritier de
ces frais de poursuite le même pouvoir discrétionnaire
qui leur appartient pour concéder un nouveau délai : les
cas d'exonération de frais leur sont limitativement indi-
qués par la loi. C'est précisément sous ce rapport que la
situation de l'héritier pendant les délais judiciaires diffère
de celle pendant le délai légal. Le successible, qui renonce
ou accepte bénéficiairement dans les limites du délai légal,
est toujours affranchi des frais de poursuite, tandis qu'il
les supporte, lorsqu'il prend les mêmes partis pendant
le délai de grâce, s'il ne justifie de son ignorance du décès
de son auteur ou de l'insuffisance du terme légal (1).

Cette solution a été cependant contestée. On a soutenu
que les circonstances déterminées par l'article 799 sont
les seules que le tribunal puisse retenir pour accorder ou
refuser la prorogation de délai qui lui est demandée. Par
suite la concession d'un nouveau délai implique nécessairement qu'aucune négligence n'est imputable au successible et les frais judiciaires doivent dans tous les cas être
mis à la charge de la succession (2).

Ce raisonnement est spécieux et la rédaction de l'article 4 du titre VII de l'Ordonnance de 1667 aurait pu autrefois l'autoriser et pourtant, déjà sous l'empire de cette

---

(1) Dalloz, *Répert.*, v° *Success.*, n° 739 ; Laurent, IX, n° 273 ; Chabot,
art. 799, n°s 2 et 3 ; Delvincourt, II, p. 31, note 5 ; Duranton, VII, n° 21 ;
Poujol, art. 797-799, n° 4 ; Demolombe, XIV, n° 295 ; Demante, III, n° 121 ;
Massé et Vergé sur Zachariæ, II, p. 321 ; Aubry et Rau, VI, p. 424, § 614,
note 13 ; Baudry-Lacantinerie et Wahl, I, n° 1354. Les frais de poursuite,
par exemple d'une instance par défaut, seraient néanmoins mis à la charge
personnelle de l'héritier, s'il avait laissé ignorer au demandeur l'existence
du délai supplémentaire qui lui avait été accordé. Cass. req., 22 mars
1869, Dall., 69.1.422. Les frais frustratoires restent toujours à la charge
de celui qui les a nécessités par sa faute.
(2) Ducaurroy, Bonnier et Roustain, II, n° 608.

Ordonnance, Pothier déclarait que « les frais de ces continuations doivent être portés par l'héritier qui est en retard et en faute de n'avoir pas pris qualité (1) ». Les travaux préparatoires et les termes mêmes des articles 798 et 799 combinés révèlent bien la pensée du législateur qui a jugé convenable de laisser aux tribunaux la faculté d'accorder un nouveau délai, même lorsque le successible ne serait pas absolument exempt de négligence, du moment que ce délai de grâce ne préjudicie à personne, mais sans cependant exonérer le successible des frais qu'il aurait pu éviter en faisant plus de diligence.

Il est un cas que la loi ne prévoit pas textuellement. L'héritier est poursuivi après l'expiration du délai légal et, sans demander une prolongation de délai, il prend immédiatement parti sur les premières poursuites dirigées contre lui, soit en acceptant bénéficiairement, soit en renonçant. Sera-t-il affranchi des frais judiciaires qui ont été faits par les créanciers, s'il justifie, conformément à l'article 799, qu'il a ignoré le décès ou que les délais légaux ont été insuffisants ? La généralité des auteurs répond affirmativement à cette question.

L'article 799, qui exempte le successible de ces frais, dit, il est vrai, que c'est « dans le cas de l'article précédent », par conséquent lorsqu'il a demandé et obtenu une prolongation de délai à raison des circonstances. Mais la raison, qui détermine à mettre les frais à la charge de la succession dans les circonstances prévues par l'article 799, est qu'on ne peut reprocher, en pareil cas, au successible aucune faute ni négligence.

La même raison se retrouve avec autant de force dans l'hypothèse où l'héritier renonce ou accepte bénéficiaire-

(1) Pothier, *Des success..* ch. III, sect. V.

ment, dès qu'il est actionné. Pourquoi l'obliger à demander un nouveau délai, si sa détermination est prise ? Ce seraient manifestement des frais frustratoires. S'il fait la justification requise par l'article 799 et prouve ainsi qu'il n'y a aucune faute de sa part, on ne saurait en toute équité lui faire supporter des frais qu'il n'a pu éviter, ni même prévoir : c'est donc au tribunal à apprécier si l'option du successible a été faite à propos.

La Cour de Colmar a décidé que les frais des poursuites dirigées contre l'héritier après l'expiration des délais pour faire inventaire et pour délibérer sont à la charge de cet héritier qui renonce sans demander un nouveau délai, mais, dans l'espèce de l'arrêt, il n'était pas démontré que l'héritier ait offert de prouver qu'il avait ignoré le décès ou que les délais légaux avaient été insuffisants (1).

Les délais légaux ou judiciaires pour faire inventaire et délibérer, que nous venons d'étudier, sont donc uniquement relatifs au droit de poursuite des créanciers ou autres intéressés et ne concernent en aucune manière la faculté d'accepter ou de renoncer considérée en elle-même, puisque le successible conserve, même après l'expiration de ces délais, le droit d'accepter sous bénéfice d'inventaire ou de renoncer, tant qu'il ne s'en trouve pas déchu d'après les règles que nous avons exposées. Mais, s'il peut se jouer ainsi des délais imposés, ce ne sera pas toujours impunément, puisqu'il court le risque de supporter les frais judiciaires que sa négligence aura occasionnés. Telle est, en définitive, la seule sanction que la loi ait attachée aux dispositions relatives à ces délais.

Quant à l'exception dilatoire, son utilité ne saurait être

____

(1) Colmar, 21 décembre 1830, précité ; Lyon, 21 mai 1831, précité ; Aubry et Rau, VI, p. 425, § 614, note 16 ; Massé et Vergé sur Zachariæ, II, p. 322, note 16 ; Fuzier-Herman, art. 799, n°s 1 et 2.

contestée ; elle peut présenter, il est vrai, des inconvénients à raison de la situation expectante qu'elle crée et qui se prolonge parfois bien au delà du terme légal. Aussi a-t-on quelquefois regretté que le législateur n'ait pas constitué pendant ces délais le successible administrateur de la succession, avec des pouvoirs très étendus qui lui auraient permis et l'auraient même obligé de répondre, sans prendre qualité, aux demandes des divers intéressés. Nous croyons cependant que le système de la loi est encore celui qui concilie le mieux tous les intérêts en présence, car ne serait-il pas dangereux de confier la liquidation de la succession à un héritier qui n'a pas définitivement cette qualité, qui la répudiera peut-être et ne compromettrait-on pas ainsi les intérêts des successibles appelés à recueillir l'hérédité à son défaut ?

CHAPITRE II

1. — La femme commune en biens jouit à la dissolution de la communauté des mêmes délais pour faire inventaire et pour délibérer que l'héritier et de l'exception dilatoire attachée à ces délais. La loi, en effet, lui reconnaît un droit d'option qui constitue une des garanties accordées comme contrepoids de l'omnipotence maritale ; mais l'option, au lieu d'être triple pour la femme comme elle l'est pour l'héritier, ne comprend pour elle que deux termes : l'acceptation ou la répudiation de la communauté (art. 1453, C. civ.). Si la femme renonce à la communauté, elle y devient complètement étrangère. Toute la communauté, biens et dettes, reste alors au mari ou à ses héritiers. Si au contraire elle accepte, la communauté est partagée par moitié, sauf convention contraire insérée dans le contrat de mariage, et les dettes communes sont réparties dans la même proportion. Toutefois la femme acceptante, qui a fait bon et fidèle inventaire des biens communs, a l'avantage de ne supporter les dettes que dans la mesure du profit qu'elle retire de la communauté en vertu du bénéfice d'émolument. Elle se trouve donc, bien que l'acceptation bénéficiaire lui soit refusée, dans une position fort analogue à celle de l'héritier bénéficiaire, avec cette différence cependant que, dans la limite de son émolument, elle est tenue des dettes même sur ses biens personnels. C'est pour permettre à la femme commune d'exer-

cer ce choix en connaissance de cause que la loi lui laisse le temps et les moyens nécessaires pour s'éclairer sur les forces de la communauté.

L'Ancien Droit français avait reconnu également l'utilité d'un tel délai, du jour où s'introduisit le droit de renonciation à la communauté pour la veuve commune ; mais les coutumes présentaient à cet égard la plus grande variété. Les unes, comme la coutume de Vitry, ne lui laissaient guère le temps de délibérer, puisqu'elle devait faire sa renonciation sur la fosse de son mari. Quelques autres coutumes l'obligeaient à prendre sa détermination dans les vingt-quatre heures (Cout. de Bretagne, d'Anjou), ou dans les huit jours (Cout. de St-Jean d'Angély, Usance de Saintes, Angoumois). L'insuffisance de ces délais apparut manifeste, lorsque l'on imposa à la veuve, comme condition préalable de sa renonciation, l'obligation de faire un bon et loyal inventaire. Aussi d'autres coutumes accordaient-elles trente jours (Nivernais), ou quarante jours (Bourdonnais, La Rochelle), ou même trois mois (Senlis, Laon) (1). L'Ordonnance de 1667 (tit. VII, art. 5) fit cesser cette variété et rendit désormais le délai uniforme en le fixant à trois mois pour faire inventaire et quarante jours pour délibérer.

C'est le même délai qui est accordé aujourd'hui à la femme commune pour exercer son droit d'option, quelle que soit la cause qui produit la dissolution de la communauté. La femme commune en biens, lorsque la communauté est dissoute, ou par la mort du mari, ou par le divorce, ou par une séparation de corps ou de biens, a un délai de trois mois pour dresser inventaire et de quarante

---

(1) Sallé, *Esprit des Ordon. de Louis XIV*, I, p. 57 ; Boncenne, *Proc. civ.*, III, p. 320 ; Bonnier, *Proc. civ.*, n° 434 ; Troplong, III, n° 1537 ; Dalloz, *Rép.*, v° *Contrat de mariage*, n° 2146.

jours pour délibérer sur le parti à prendre, à compter de la clôture de l'inventaire ou de l'expiration des trois mois (art. 174, C. pr. ; art. 1456 et 1463, C. civ.). Ces délais, comme ceux de l'héritier, sont d'ordre public et il ne pourrait y être dérogé par une clause insérée dans le contrat de mariage. Toute disposition tendant à augmenter ou à restreindre la durée de ces délais devrait être déclarée nulle d'une façon absolue et c'est à tort que Pothier enseigne qu'elle pourrait bien être opposée aux héritiers du mari, mais non aux créanciers qui n'ont pas été partie au contrat (1).

Si ces délais sont insuffisants, la femme peut en obtenir la prorogation en justice (art. 1458, 1463). Les tribunaux ont un pouvoir discrétionnaire pour apprécier les circonstances qui peuvent motiver un délai supplémentaire et la femme doit leur adresser sa demande avant l'expiration du délai légal. Elle ne pourrait pas, comme l'héritier, la former par une simple requête, puisque les articles 1458 et 1463 décident que la prorogation doit être prononcée contradictoirement avec le mari ou ses héritiers, ou eux dûment appelés. Leur appel en cause est obligatoire pour la femme ; elle doit donc nécessairement procéder par voie d'assignation, pour saisir le tribunal de sa demande et elle assignera précisément le mari ou ses héritiers, pour voir statuer sur la prorogation demandée (2).

---

(1) V. dans notre sens : Bellot des Minières, II, p. 277 ; *Pandectes Françaises, Rec. vol. Mariage*, n° 7806 ; Fuzier-Herman, v° *Commun. conjugale*, n° 1818. — *Contrà* : Pothier, n° 555.

(2) De Folleville, *Tr. du contrat de mariage*, I, n°ˢ 460 *bis* et *ter* ; Rodière et Pont, II, n° 1167 ; Arntz, III, n° 736 ; Guillouard, III, n° 1293 ; Colmet de Santerre, VI, n° 114. — *Contrà* : Troplong, III, n° 1556, qui commet une confusion évidente en appliquant à l'appel en cause des héritiers du mari l'expression de l'article 1458 « s'il y a lieu », qui concerne au contraire la prorogation de délai pouvant être facultativement accordée ou refusée par le tribunal.

Pendant la durée de ces délais, la femme commune en biens ne peut être forcée de prendre qualité et est protégée contre les poursuites des créanciers de la communauté par l'exception dilatoire de l'article 174 du Code de procédure qui lui permet d'obtenir l'ajournement provisoire de ces poursuites et d'échapper ainsi à toute condamnation. L'exception arrêterait également la demande en partage de la communauté formée par le mari ou ses héritiers avant l'expiration des délais.

Nous retrouvons ici les mêmes principes que ceux précédemment exposés au sujet de l'exception de l'héritier. Aussi pouvons-nous nous borner à renvoyer aux développements déjà donnés, en ce qui concerne la marche à suivre pour faire valoir l'exception dilatoire, les demandes auxquelles l'exception peut être opposée et l'effet conservatoire des poursuites qu'elle tient momentanément en suspens. Mais la situation de la femme commune dans ses rapports avec les créanciers de la communauté n'est pas toujours la même, principalement à l'expiration des délais et il faut distinguer à cet égard les diverses causes qui donnent lieu à la dissolution de la communauté.

2. — Lorsque la communauté est dissoute par la mort du mari, la veuve qui a été, quant à sa part, valablement actionnée par les créanciers, puisqu'elle est en possession des biens communs et qui leur a opposé l'exception dilatoire, peut exercer librement son droit d'option pendant les trois mois et quarante jours. Si la communauté est mauvaise, elle peut la répudier sans faire préalablement inventaire, aussi bien dans le délai de trois mois que dans le délai de quarante jours pour délibérer. Nous pensons, en effet, que l'obligation de faire inventaire dans les trois mois de la dissolution de la communauté n'est imposée à la veuve comme condition de sa renoncia-

tion que si elle entend exercer cette faculté après l'expiration du délai de trois mois et quarante jours. Mais la renonciation faite dans les délais pour faire inventaire et pour délibérer serait valable, selon nous, alors même qu'elle ne serait pas précédée d'un inventaire. C'est ce qui paraît résulter très positivement des termes de l'article 1457, dont le silence en ce qui touche l'inventaire paraît décisif, quand on rapproche sa disposition de celle de l'article 1459. Les travaux préparatoires de la loi confirment pleinement cette interprétation.

La généralité des auteurs et la jurisprudence (1) refusent pourtant à la veuve le droit de renoncer à la communauté dans le délai pour délibérer, lorsqu'elle n'a pas fait inventaire dans les trois mois, tout en lui reconnaissant d'ailleurs la faculté de répudier la communauté au cours du délai de trois mois, sans avoir accompli la formalité dont il s'agit. Les partisans de cette opinion s'appuient sur le texte de l'article 1456, aux termes duquel : « La femme survivante, qui *veut conserver la faculté de renoncer à la communauté*, doit, dans les trois mois du jour du décès du mari, faire faire un inventaire fidèle et exact de tous les biens de la communauté, contradictoirement avec les héritiers du mari ou eux dûment appelés... » Il ne nous semble pas que le texte de l'article 1456 puisse se prêter à une telle interprétation. L'article ne dit pas en effet que c'est pour conserver le droit de renoncer après trois mois, que la formalité de l'inventaire a été prescrite ; une telle limitation n'est pas plus dans le texte de l'article 1456 que

---

(1) Laurent, XXII, n° 395 ; Fuzier-Herman, v° *Commun. conjugale*, n° 1818 ; Toullier, XIII, n° 130 ; Colmet de Santerre, n° 115 *bis*, I ; Marcadé, V. sur les art. 1456 à 1459, n° 1 ; Rodière et Pont, II, n° 1161 ; Odier, I, n°s 1458 et 1459 ; Garsonnet, II, § 303, p. 416, note 24 ; Besançon, 23 février 1828, Dalloz, v° *Contrat de mariage*, n° 2166 ; Bruxelles, 4 février 1852, *Pasicrisie*, 1854.2.48.

dans son esprit. Pour bien se rendre compte du sens exact de l'article, il faut le rapprocher de l'article 1459 ; ces deux dispositions se complètent l'une par l'autre et ce rapprochement fait voir que ce n'est qu'autant que la femme désire conserver la faculté de renoncer après l'expiration des délais pour faire inventaire et délibérer, que l'inventaire doit avoir été dressé dans les trois mois de la dissolution de la communauté.

Du reste, si l'on envisage isolément la disposition de l'article 1456, il serait tout aussi bien permis de prétendre qu'elle s'applique à toute femme qui veut conserver le droit de renoncer ouvert par le prédécès du mari et c'est ce que quelques auteurs ont soutenu, en se fondant surtout sur le changement de texte apporté à l'article 1461, d'après les observations du Tribunat qui déclarait « qu'un inventaire est toujours indispensable pour éviter les fraudes à l'égard des tiers » (1). L'inventaire en effet, d'après ces auteurs, est bien un moyen laissé à la femme survivante pour s'éclairer, mais il est en outre exigé dans l'intérêt des tiers pour servir de preuve que la veuve, qui est en possession de tous les effets de la communauté et peut facilement commettre des détournements, n'en a rien retenu au moment où elle renonce. Une renonciation sans inventaire pourrait être très préjudiciable aux tiers intéressés, car il serait fort difficile de prouver les divertissements que la femme a pu commettre à leur détriment, pendant tout au moins trois mois, aucun acte ne constatant la consistance et la valeur des biens de la communauté.

Cette dernière opinion n'est au fond que la reproduction de l'ancien système de la Coutume de Paris qui fai-

____

(1) Observations du Tribunat, n° 12 (Locré, VI, p. 380) ; Merlin, *Rép.* v° *Inventaire*, § 5, n° 3 ; Joccoton, *Rev. de législat.*, XLI, p. 201.

sait de la formalité de l'inventaire la condition *sine quâ non* de l'efficacité de la renonciation, faite à n'importe quelle époque (Coutume de Paris, art. 237). Or les travaux préparatoires indiquent d'une façon indiscutable que les rédacteurs du Code ont voulu substituer un système nouveau à celui de la Coutume de Paris et, dans ce but, ont déterminé un délai pour la confection de l'inventaire, délai qui n'était pas prescrit dans l'ancien droit.

Toutefois les diverses déchéances, attachées par la loi au défaut d'inventaire dans les trois mois de la dissolution de la communauté, amèneront dans la plupart des cas la femme à dresser inventaire, même si elle est résolue à renoncer immédiatement; elle y a un intérêt évident, ne serait-ce que pour échapper aux pénalités civiles prononcées par l'article 1442.

Au cours des trois mois et quarante jours, la veuve peut perdre le bénéfice de l'exception dilatoire, si elle accepte expressément ou tacitement la communauté. Elle accepte *expressément*, quand elle prend dans un acte la qualité de commune (art. 1455); elle accepte *tacitement*, lorsqu'elle s'immisce dans les biens de la communauté, en divertissant ou recélant des effets de cette communauté (art. 1460 et 1454).

A l'expiration du délai légal ou prorogé, la femme survivante, qui n'a pas pris parti, n'a plus d'exception dilatoire pour repousser l'action des créanciers. Elle peut être poursuivie comme commune et condamnée en cette qualité, si elle refuse de s'expliquer, car elle est présumée acceptante, jusqu'à ce qu'elle ait renoncé (art. 1459). Mais la veuve, qui n'a pas procédé à l'inventaire des biens de la communauté dans les trois mois du décès du mari ou qui s'est immiscée, se trouve définitivement déchue de la faculté de renoncer et la qualité de commune en biens lui est irrévocablement attribuée, d'après l'opinion qui domine dans la doctrine et la jurisprudence, sauf quelques hésitations pour l'application du principe (1). Elle ne pourrait même plus faire inventaire, en vue de bénéficier de la disposition de l'article 1483, pour conserver son bénéfice d'émolument. Elle est, en effet, considérée comme acceptante et tenue des dettes de la communauté *ultra vires* (2). L'héritier, au contraire, conserve toujours, même après l'expiration des délais légaux et judiciaires, la faculté de faire inventaire et de se porter héritier bénéficiaire, tant qu'il n'a pas fait acte d'héritier ou qu'il n'existe pas contre lui de jugement passé en force de chose jugée le condamnant comme héritier pur et simple (art. 800). La raison de cette différence se trouve dans cette considération que la femme survivante reste, à la mort de son mari, en possession de tous les effets de la communauté, tandis que l'héritier ordinairement ne possède pas les biens de la succession. Les détournements sont donc plutôt à redouter de la part de la veuve que de la part de l'héritier et l'on comprend aisément que la loi ait obligé la veuve à dresser inventaire dans le plus bref délai, le délai traditionnel de trois mois, car un inventaire tardif n'offrirait pas des garanties suffisantes aux créanciers.

La veuve, qui a encouru une telle déchéance, subit donc nécessairement les poursuites des créanciers, provisoire-

(1) La jurisprudence, en effet, par des considérations d'équité, fait quelquefois fléchir la rigueur de ce principe et tend à relever de sa déchéance la femme qui s'est trouvée dans l'impossibilité absolue de faire dresser inventaire en temps utile ou lorsque le retard dans la confection de l'inventaire ne peut lui être personnellement imputé. Metz, 24 juillet 1824, Sir.. 25.2.334 ; Nancy. 29 mai 1828, Dall., v° *Contrat de mariage*, n° 2149 ; Paris. 10 janvier 1835, Sir.. 35.2.473, Dall., v° *cit.*, n° 2151 ; Colmar, 28 février 1838. Dall., v° *cit.*, n° 2150 ; Req. rej.. 5 décembre 1838. Sir., 38.1. 945.

(2) Rouen, 4 juillet 1874, Dall., 75.2.189 ; Besançon, 17 janvier 1883, Sir., 84.2.45, Dall., 83.2.163.

ment suspendues pendant les délais ou celles qui seraient dirigées contre elle depuis leur expiration, car elle est forcément acceptante.

Si, au contraire, la femme a fait inventaire en temps utile et ne s'est point immiscée, son droit d'option est dès lors resté intact. Renonce-t-elle à la communauté, aussitôt l'expiration du délai légal ou prorogé, les frais, que les créanciers auront faits, ne seront pas à sa charge. Si elle ne se prononce pas, son abstention et son silence autorisent seulement les créanciers à continuer les poursuites commencées et à la faire condamner en qualité de commune (1). Mais tant que le jugement ainsi rendu n'est pas passé en force de chose jugée, la veuve peut encore renoncer et faire ainsi tomber la condamnation prononcée contre elle. Elle devra, d'ailleurs, naturellement supporter les frais des poursuites qui ont été occasionnés par sa renonciation tardive (art. 1459) (2).

Si la femme survivante a été condamnée en qualité de commune par une décision judiciaire passée en force de chose jugée, cette qualité ne lui est imprimée qu'à l'égard du créancier qui a obtenu le jugement, conformément au principe de l'autorité relative de la chose jugée, de sorte que, vis-à-vis de tous autres, elle pourrait encore renoncer (3).

3. — La condition de la femme commune en biens se modifie considérablement, lorsque la communauté est dissoute par le divorce, la séparation de corps ou la séparation de biens.

La femme divorcée ou séparée de corps a aussi le droit

---

(1) Nancy, 29 mai 1828, Dall., 29.2.111.
(2) Troplong, *Contrat de mariage*, III, n° 1557 ; Battur, *Tr. de la communauté*, II, n° 681.
(3) Pothier, *De la communauté*, n°ˢ 556 et 557.

d'option ; elle peut, de même que la veuve, renoncer immédiatement à la communauté ou l'accepter et, si elle a fait inventaire, elle jouit, dans ce dernier cas, de l'avantage de n'être tenue des dettes communes qu'*intra vires* ; mais tandis que la femme survivante a trente ans pour exercer son droit d'option, si elle n'est pas inquiétée par les créanciers ou autres ayants droit, la femme divorcée ou séparée doit l'exercer au plus tard dans le délai de trois mois et quarante jours, prorogé, s'il y a lieu, par le tribunal. Si elle ne se prononce pas dans ce délai, elle est *censée renonçante* (art. 1463) ; elle ne peut plus accepter, elle a perdu son droit d'option. La situation différente, faite à la femme divorcée ou séparée, s'explique par cette considération que, dans le cas de dissolution de la communauté par le divorce ou la séparation de corps, c'est le mari qui reste en possession des effets de la communauté. La femme, qui veut obtenir sa part du fonds commun, se trouve donc obligée d'agir contre lui et la mésintelligence qui existe ordinairement entre époux divorcés ou séparés de corps, donne lieu de croire qu'elle agira sans ménagements comme sans retard contre son mari. Son intérêt le lui commande, surtout si elle craint de voir disparaître les valeurs de la communauté. Aussi la loi interprète-t-elle son inaction dans le délai de trois mois et quarante jours dans le sens d'une renonciation à la communauté.

L'article 1463 garde le silence à l'égard de la femme séparée de biens : faut-il en conclure que les règles, qui gouvernent la faculté d'accepter ou de renoncer pour la femme divorcée ou séparée de corps, ne lui sont pas applicables et qu'elle doit être par suite traitée comme la femme survivante ? Nous ne le pensons pas et nous préférons l'opinion la plus généralement admise qui oblige également la femme séparée de biens à se prononcer dans le délai de trois mois et quarante jours sous peine de se voir réputée renonçante. Il y a en effet un argument *a fortiori* à tirer de l'hypothèse de la séparation de corps. Si, en effet, dans le cas de séparation de corps ou même de divorce, la femme est portée à agir immédiatement et sans user de ménagements contre son mari, par crainte de détournements possibles de la part de celui-ci, à plus forte raison se hâtera-t-elle d'exercer ses droits, lorsque la séparation de biens a été prononcée. En effet, elle a provoqué la dissolution de la communauté à raison du péril que la gestion du mari faisait courir à sa dot et à ses reprises et c'est pour ce motif que la loi fait rétroagir les effets du jugement de séparation au jour de la demande, afin d'empêcher le mari de consommer la ruine de sa femme. Cette même considération doit déterminer la femme séparée de biens à réclamer sans retard le partage, s'il lui paraît, en définitive, que la communauté, bien que compromise et déjà diminuée, est encore avantageuse. Et si la femme s'abstient de prendre parti devant le désordre des affaires de son mari, son silence implique vraisemblablement que la communauté est mauvaise, qu'elle n'a aucun intérêt à l'accepter et qu'en conséquence elle y renonce. On objecte que la disposition de l'article 1463, en raison de son caractère exceptionnel, ne saurait être étendue à une hypothèse qu'elle ne prévoit pas, qu'une déchéance ne peut être prononcée par voie d'analogie. Cette objection ne nous paraît pas décisive, il ne faut pas oublier en effet que la séparation de corps entraîne de plein droit la séparation de biens (art. 311, C. civ.); on peut donc dire que l'article 1463 vise d'une manière implicite la séparation de biens, car il n'y a aucune raison pour distinguer entre la séparation de biens principale et la séparation de biens accessoire (1).

(1) Rouen, 10 juillet 1826, Sir., 27.2.84, Dall., v° *Contrat de mariage,*

M. Colmet de Santerre a donné sur cette question controversée une opinion très ingénieuse. D'après cet auteur, le silence du législateur dans l'article 1463, à l'égard de la femme séparée de biens, est intentionnel, car il est difficile d'admettre que le législateur ait pu oublier la séparation de biens, au moment où il venait de la traiter dans une section spéciale. La raison de cette omission volontaire serait que le législateur a songé à la règle de l'article 1444 et a estimé qu'elle rendait inutile la déchéance de l'article 1463.

Aux termes du susdit article, la séparation de biens, quoique prononcée en justice, est nulle, ainsi que la procédure qui l'a précédée, si, dans la quinzaine de la prononciation du jugement, elle n'a été volontairement exécutée par le paiement réel des droits et reprises de la femme, ou, tout au moins, par des poursuites commencées dans le même délai et continuées depuis sans interruption. En présence de cette règle, continue M. Colmet de Santerre, il est peu probable que la femme puisse laisser écouler le délai de trois mois et quarante jours sans prendre qualité, car, pour satisfaire aux exigences de l'article 1444, elle doit procéder à une exécution sérieuse et complète de la séparation et une telle exécution suppose nécessairement que la femme a exercé son droit d'option. La situation éventuelle prévue par l'article 1463 ne peut donc pas se présenter pour la femme séparée de biens, puisque, si elle

<hr>

n° 2250 ; Grenoble. 12 février 1830, Dall., 32.2.181 ; Trib. de Mirecourt, 30 mars 1849, Dall., 49.5.151 ; Agen, 14 mai 1861, Dall., 61.2.226 ; Merlin, *Rép.*, v° *Inventaire*, § 5, n° 3 ; Toullier, XIII, n° 130 ; Duranton, XIV, n° 459 ; Sebire et Carteret, v° *Commun. conjugale*, n°s 314 et 323 ; Odier, I, n° 456 ; Marcadé, sur l'art. 1463, n° 3 ; Troplong, *Contrat de mariage*, III, n° 1582 ; Rodière et Pont, II, n° 1041 et I, n° 805 ; Guillouard, III, n° 1295 ; Arntz, III, n° 740 ; Aubry et Rau, VI, § 517, p. 415, texte et note 13 ; De Folleville, I, n°s 472 et 474.

ne s'est pas conformée aux prescriptions de l'article 1444,
le jugement qui a prononcé la séparation est nul, tombe,
« c'est-à-dire que la communauté dure toujours » ; il n'y a
pas dès lors à se préoccuper si la femme est acceptante ou
renonçante (1).

Ce système oublie la disposition de l'article 174 du Code
de procédure qui permet à la femme séparée de biens de
ne pas prendre parti sur l'acceptation ou la renonciation
de la communauté pendant un délai de trois mois et quarante jours et que l'on concilie avec l'article 1444, en obli-
geant seulement la femme à exercer dans la quinzaine
ceux de ses droits qui ne sont pas subordonnés à son option et qu'elle doit exercer même en cas de renonciation.
Il peut donc très bien arriver, malgré le commencement
d'exécution imposé, que la femme séparée laisse passer
le délai de trois mois et quarante jours sans prendre qualité.

La femme divorcée et la femme séparée de corps ou de
biens ont donc seulement un délai de trois mois et quarante jours pour prendre parti sur la communauté, sauf
prorogation en justice, s'il y a lieu. Une difficulté assez
sérieuse s'élève relativement au point de départ de ce délai. Il commence à courir, d'après les termes de l'article 1463, du jour où le divorce ou la séparation de corps
ont été *définitivement prononcés*. Aucun doute n'est possible pour la séparation de corps ou de biens : tous les auteurs décident avec raison qu'il faut entendre par là le
jour où la décision judiciaire, qui a prononcé la séparation, n'est plus susceptible d'être attaquée par les voies
ordinaires de recours (opposition ou appel) ou même, en
cas de séparation de corps, par le pourvoi en cassation (L.

____

(1) Colmet de Santerre, VI, nº 120 *bis*.

6 février 1893, mod. art. 248, C. civ.) (1) et est passée en force de chose jugée. Alors seulement la séparation est définitive et la femme doit s'occuper utilement du règlement de ses intérêts pécuniaires (2).

Mais la même solution ne peut plus être donnée pour le jugement de divorce. La question n'était pas douteuse sous l'empire de la loi de 1803 qui avait organisé le divorce ou de la loi du 27 juillet 1884 qui l'avait rétabli. En effet, sous ces deux lois, les tribunaux ne prononçaient pas le divorce, ils étaient chargés seulement de *l'admettre*, en autorisant l'époux qui l'avait obtenu à requérir de l'officier de l'état civil de son domicile la prononciation solennelle du divorce ; le lien du mariage n'était rompu qu'à ce moment. Le délai de l'article 1463 ne pouvait donc pas courir, comme au cas de séparation de corps, du jour où le jugement avait acquis l'autorité définitive de la chose jugée ; il courait du jour où l'officier de l'état civil avait prononcé le divorce. Mais depuis la loi du 2 avril 1886, qui a substitué au prononcé du divorce, la transcription de la décision judiciaire sur les registres de l'état civil, il est certain que le rôle du tribunal ne consiste plus seulement aujourd'hui à autoriser le divorce

(1) Fuzier-Herman, *Rép.*, vᵒ *Communauté conjugale*, nᵒ 1749.

(2) Marcadé, sur l'art. 1463, nᵒ 1 ; Guillouard, III, nᵒ 1296 ; Aubry et Rau, V, § 517, p. 415, texte et note 15 ; Odier, 1, nᵒ 453 ; Rodière et Pont, II, nᵒ 1042 ; Troplong, III, nᵒ 1577 ; Colmar, 8 août 1833, Sir., 34.2.229, Dall., 38.2.204 ; Req. rej., 2 décembre 1834, Dall., 35.1.57, Sir., 34.1. 774. Mais la Cour de Cassation est allée trop loin dans un arrêt du 29 janvier 1818, Dall., *Rép.*, vᵒ *Contrat de mariage*, nᵒ 2132, en décidant que dans le cas d'un jugement de séparation qui ordonne au mari de rendre compte des biens à la femme, le délai dont il s'agit court seulement du jour de la reddition de compte. Une telle dérogation à la règle de l'article 1463 ne saurait se justifier, car ce n'est pas la présentation du compte qui donne au jugement son caractère définitif et la femme a toujours la ressource de demander une prorogation de délai, si elle ne peut obtenir ce compte en temps utile, par suite du mauvais vouloir de son mari ou de toute autre cause.

mais encore à le *prononcer* (Arg. art. 247 al. 2, 249 et 250 al. 1) et l'officier de l'état civil se borne à enregistrer sa décision en transcrivant le jugement devenu définitif (art. 251). En présence du changement opéré par cette nouvelle loi, le délai d'option de la femme divorcée ne trouve-t-il pas son point de départ à la date où le jugement ou l'arrêt prononçant le divorce est devenu définitif, ou bien commence-t-il seulement à courir du jour où la transcription de ce jugement ou arrêt a été faite sur les registres de l'état civil du lieu où le mariage avait été célébré. La question s'est présentée dans la pratique, ce qui prouve qu'elle offre parfois un intérêt assez sérieux, et a été tranchée, à bon droit, dans ce dernier sens par un arrêt de la Cour de Paris du 12 janvier 1892 (1).

En effet, dans la pensée du législateur de 1886, la transcription remplace la prononciation du divorce par l'officier de l'état civil et produit les effets attachés autrefois à cette prononciation. L'exposé des motifs de la nouvelle loi est formel sur ce point : on y lit notamment que « *la nature de la formalité exigée est seule modifiée : les effets en subsistent* ». D'autre part, un texte même de la loi sur le divorce prouve que l'effet principal du divorce, la dissolution du mariage, se réalise, non pas au moment où le jugement ou l'arrêt de divorce est devenu définitif, mais à la date de la transcription opérée régulièrement sur les registres de l'état civil et que l'omission de cette formalité ferait considérer le jugement comme nul et non avenu. L'article 244 al. 4 décide que le décès de l'un des époux survenu, avant que le jugement soit devenu irrévocable par la transcription sur les registres, fait tomber toute la procédure antérieure et éteint l'action en divorce elle-

____

(1) *Pandectes françaises* chr., 92.2.353 et la note de M. Puech.

même. C'est bien dire que le lien matrimonial n'est rompu que par la transcription du jugement ou arrêt de divorce (1).

La Cour de Paris, dans l'arrêt que nous avons indiqué, applique judicieusement ce principe à notre question en déclarant « que le jugement qui prononce le divorce est bien constitutif et non déclaratif de l'état de divorce, mais que c'est la transcription de ce jugement sur les registres de l'état civil qui constitue le dernier acte de la procédure, qui en est un élément essentiel, qui marque précisément le point de départ de l'indépendance civile accordée à la femme par la dissolution du mariage et qui par suite fait courir le délai des déchéances qui peuvent lui être opposées ».

Tel est le point de départ du délai accordé à la femme divorcée et à la femme séparée de corps ou de biens pour exercer son droit d'option. Pendant ce délai de trois mois et quarante jours, prorogé s'il y a lieu, la femme divorcée ou séparée peut être poursuivie en qualité de commune et elle a, comme la veuve, la faculté de repousser provisoirement les demandes, qui lui sont adressées en cette qualité, au moyen de l'exception dilatoire (art. 174, C. pr.). Sans la disposition précise de cet article, on aurait pu se demander s'il ne fallait pas, au contraire, la considérer comme étrangère à la communauté et refuser aux créanciers le droit de la poursuivre, tant qu'elle n'aura pas accepté. La femme divorcée ou séparée n'est pas en possession de fait des biens de la communauté ; ne devrait-on pas dès lors la traiter comme le successeur irrégulier qui ne peut être actionné avant d'avoir été envoyé en possession. Quelques auteurs le soutiennent et déclarent qu'elle est à l'abri des

----

(1) Cass., 18 avril 1893. S. 94.1.5, *Gazette des tribunaux* du 6 mai 1893.

demandes dirigées contre la communauté jusqu'à sa déclaration d'acceptation. « Son silence suffit pour la protéger et les tribunaux, au besoin, devraient employer ce moyen d'office. » Dans ces deux cas de dissolution, la présomption de la loi, disent-ils, c'est la renonciation de la femme (art. 1463). Tant qu'elle n'accepte pas, elle est réputée renonçante et les créanciers ne peuvent valablement l'assigner en qualité de commune (1).

Ces auteurs se trompent : la présomption de renonciation n'existe qu'après l'expiration du délai des trois mois et quarante jours ; l'article 1463, qui l'établit, est formel sur ce point. Pendant le délai, il n'y a qu'un droit d'option qui peut être exercé par la femme dans le sens le plus conforme à ses intérêts. L'article 174 du Code de procédure confirme cette idée, car il ne prononce pas la nullité des demandes qui sont formées contre la femme en qualité de commune, mais se contente de donner à cette femme une exception dilatoire. Il est donc certain que les créanciers peuvent agir contre la femme divorcée ou séparée pendant les trois mois et quarante jours, aussi bien que contre la veuve ; l'article 174 ne fait pas de distinction. Peut-être n'est-ce là qu'une inadvertance des rédacteurs du Code de procédure civile qui auront oublié que la femme divorcée ou séparée ne détenait aucun des biens faisant partie de la communauté, ou peut-être ont-ils voulu simplement éviter les contestations qui pourraient s'élever sur la validité des poursuites que les créanciers de la communauté auraient la pensée d'intenter conjointement contre le mari et la femme, avant que celle-ci se soit prononcée (2).

(1) Chauveau sur Carré, II, quest. 756 ; Joccoton, *Rev. de législ.*, XLI, p. 203.

(2) Boitard, Colmet-Daàge et Glasson, I, n° 375 ; Bonnier, n° 440 ; Garsonnet, II, § 306, p. 417, note 28.

La femme divorcée ou séparée a donc la faculté d'arrêter momentanément les poursuites des intéressés en invoquant l'exception dilatoire. Elle met à profit le sursis obtenu pour se rendre compte des forces de la communauté et elle n'a besoin de faire inventaire que si elle se décide à accepter et entend tirer avantage du bénéfice d'émolument.

La femme divorcée ou séparée, qui laisse écouler le délai légal ou le délai supplémentaire régulièrement accordé par le juge sans prendre parti, est *censée avoir renoncé* (art. 1463) ; elle ne peut plus accepter, elle se trouve définitivement déchue de son droit d'option. Nous pensons, en effet, que la loi établit là une véritable déchéance et non une simple présomption de renonciation qui autoriserait la preuve contraire. La conséquence naturelle de cette déchéance est que les demandes des créanciers ne peuvent plus être valablement formées contre la femme, puisqu'elle est étrangère à la communauté ; elles doivent être désormais dirigées contre le mari seul qui recueille tous les biens communs.

Quant aux poursuites qui ont atteint la femme avant l'expiration des délais et qui ont été différées par l'exception dilatoire, elles ne peuvent reprendre leur cours et se trouvent définitivement repoussées par la femme qui allègue la renonciation tacite de l'article 1463.

4. — Lorsque la femme commune en biens vient à décéder dans le délai de trois mois et quarante jours sans avoir pris qualité, ses héritiers ont chacun un droit individuel d'accepter la communauté ou d'y renoncer pour sa part héréditaire. Mais dans quel délai devront-ils exercer ce droit? L'article 1461 du Code civil répond à cette question en ce qui concerne les héritiers de la femme survivante. Lorsque la veuve meurt avant l'expiration des trois mois qui

ont suivi le décès de son mari, sans avoir fait ou terminé l'inventaire, ses héritiers jouissent, pour prendre parti sur la communauté, d'un nouveau délai de trois mois et quarante jours à compter de son décès et, après son expiration, ils sont déchus de la faculté de renoncer, s'ils n'ont pas fait inventaire dans les trois mois. Si, au contraire, la veuve décède au cours du délai pour délibérer, ayant terminé l'inventaire des biens de la communauté, les héritiers n'auront qu'un nouveau délai de quarante jours pour exercer leur droit d'option (art. 1461).

La plupart des auteurs leur accordent néanmoins, en pareil cas, le délai de trois mois et quarante jours qu'ils ont en vertu du droit commun pour prendre qualité sur la succession de la veuve. La communauté fait partie de cette succession, sur laquelle ils ont avant tout à se prononcer, par suite forcer les héritiers à accepter ou répudier la communauté dans le seul délai de quarante jours, ce serait les priver du bénéfice du délai de trois mois et quarante jours concernant l'hérédité, puisque l'option, qu'ils feraient relativement à la communauté, constituerait de leur part un acte d'acceptation de la succession. La décision de l'article 1461, concluent ces auteurs, s'appliquera dans le seul cas où ils acceptent immédiatement la succession de la veuve et n'ont plus à délibérer que sur la communauté.

Nous n'hésitons pas cependant à contraindre les héritiers à prendre parti sur la succession, aussi bien que sur la communauté, dans l'unique délai de quarante jours, car il faut remarquer que, presque toujours, l'inventaire des biens de la communauté, qui a été dressé par la femme, suffit pour éclairer les héritiers, en même temps sur les forces de la communauté et sur celles de la succession, puisqu'il comprend nécessairement l'état des biens de la veuve elle-même. Il n'y a donc pas lieu de leur accorder un nouveau délai pour faire un inventaire désormais inutile, ils n'ont besoin que d'un délai pour délibérer. Il peut arriver pourtant que de nouvelles acquisitions de biens se soient produites depuis la clôture de l'inventaire ; dans ce cas, les héritiers auront la faculté de solliciter de la justice une prorogation de délai qui leur permettra de prendre les renseignements complémentaires qui leur sont nécessaires. Avec ce tempérament, l'application littérale de la disposition de l'article 1461 ne peut porter préjudice aux héritiers de la veuve (1).

Tant que durent les délais dont il vient d'être parlé, les héritiers sont protégés, comme la femme elle-même, par l'exception dilatoire contre les poursuites des créanciers de la communauté et ils ne peuvent être contraints à prendre qualité que lorsqu'ils sont expirés.

La loi n'a pas prévu le cas du décès de la femme divorcée ou séparée pendant les délais dont il s'agit, mais les mêmes principes devraient être donnés en ce qui touche ses héritiers (2).

Enfin, lorsque la communauté s'est dissoute par la mort de la femme, la loi paraît assimiler complètement la situation des héritiers à celle de la femme au point de vue des conditions d'exercice du droit d'option (Arg. art. 1466). Les règles que nous avons exposées sur les délais et les formes dans lesquels la femme survivante doit exercer

---

(1) Dans notre sens : Delvincourt, III, p. 29 ; Baudry-Lacantinerie, III. n° 209 ; Colmet de Santerre, VI, n° 117. — *Contrà* : Marcadé, sur l'art. 1461, n° 1 : Pigeau, *Proc. civ.*, I, p. 157 ; Aubry et Rau, V, § 587, p. 419 et 420, texte et note 82 ; Duranton. XIV, n° 455 ; Laurent, XII, n° 432 ; Rodière et Pont, II, n° 1169 ; *Pandectes françaises*, v° *Mariage*, n° 7878 ; Garsonnet, II, § 305, p. 416, note 25.
(2) Marcadé, art. 1463, n° 4.

son option, ainsi que sur le fonctionnement de l'exception dilatoire, s'appliquent donc également à ses héritiers (1).

(1) Odier, I, no 470 ; Troplong, III, nos 1548 et suiv. ; Rodière et Pont, II, no 1174 ; Bellot des Minières, II, p. 315 et suiv. ; Garsonnet, II, § 306, p. 416, note 25 ; Civ. Cass., 9 mars 1842, Dalloz, vo *Enregistrement*, no 363 ; Nancy, 4 août 1875, Dall., 77.2.184 ; Lyon, 9 juin 1876, Dall., 78. 2.13. — *Contrà* : Merlin, vo *Inventaire*, § V, no 3 ; Colmet de Santerre, VI, no 123 *bis*, II ; Rennes, 11 août 1817, Dall., vo *Contrat de mariage*, no 2233 ; Poitiers, 17 décembre 1851, Dall., 54.2.138 ; Douai, 14 mai 1855, Dall., 55 2.261 ; Lyon, 15 avril 1856, Dall., 56.2.200 ; Poitiers, 6 mai 1863, Dall., 63.2.123 ; C. Cass. de Belgique, 14 janvier 1875, Dall., 77.2.213 ; Req. 19 mars 1878, Dall., 78.1.218.

DEUXIÈME PARTIE

EXCEPTION DE GARANTIE

———

La seconde exception dilatoire prévue par le Code de procédure civile est l'exception de garantie.

La garantie peut être définie, d'une manière générale, l'obligation légale ou conventionnelle de défendre quelqu'un contre certaines attaques ou de l'indemniser du préjudice subi.

On rencontre dans le Code civil de nombreux cas où la garantie est due. C'est ainsi que toute transmission à titre onéreux d'un droit réel ou de créance emporte par elle-même le droit à la garantie. Le vendeur est tenu de préserver l'acheteur de toute éviction ou autrement de l'en dédommager (art. 1635 et suiv., C. civ.) ; l'échangiste doit la garantie à son coéchangiste, le bailleur à son locataire ou fermier en raison du trouble apporté à la jouissance de celui-ci (art. 1727) ; l'associé est garant envers la société des objets individuellement déterminés dont il a promis l'apport (art. 1845) ; le créancier, qui cède une créance, doit en garantir l'existence (art. 1693) ; le débiteur, qui donne en paiement un objet spécialement déterminé, doit garantie à son créancier (art. 1238) ; de même le déléguant la doit au délégataire. — En matière de partage (art. 884), les cohéritiers se doivent respectivement garantie de l'éviction de tout ou partie des biens héréditaires compris dans leurs lots, afin de maintenir l'égalité qui est l'âme des partages. Le débiteur principal est aussi garant du préjudice que la caution a pu éprouver, en se trouvant obligée d'acquitter une dette qui ne doit pas rester à sa charge (art. 2028) ; de même les codébiteurs d'une obligation solidaire ou indivisible et les cohéritiers sont réciproquement garants les uns envers les autres des sommes qu'ils ont dû payer au delà de leur part contributoire (art. 1213 à 1216, 1221, 1225). Enfin l'obligation de garantie se rencontre exceptionnellement dans les actes à titre gratuit, lorsqu'il s'agit de donations faites en faveur du mariage ou que le donateur s'y est expressément engagé.

La demande en garantie est celle par laquelle le garanti poursuit contre le garant l'accomplissement de l'obligation dont il est tenu. Cette demande est *principale*, lorsque le garanti, qui a éprouvé un préjudice, s'adresse à son garant pour en obtenir la réparation. Dans ce cas, la demande en garantie est soumise aux règles ordinaires des demandes judiciaires et est portée devant le tribunal du domicile du garant.

Elle est au contraire *incidente*, quand le garanti, engagé dans une instance qui va peut-être amener son éviction, appelle en cause le garant, afin qu'il vienne le défendre contre les poursuites, dont il est l'objet, devant le tribunal où la demande originaire est pendante : dérogation remarquable aux règles de droit commun sur la compétence (art. 59, al. 8 et 181, C. pr.).

La demande incidente en garantie présente de réels avantages : elle permet au garanti d'éviter deux procès successifs devant des tribunaux différents et de réaliser ainsi une double économie de temps et de frais. La présence du garant dans l'instance principale facilite en outre le plus souvent la défense et si néanmoins le garanti vient à succomber, le même jugement statue à la fois sur la demande originaire et sur la demande en garantie. De plus, le garanti, qui néglige d'exercer incidemment son recours et n'actionne son garant qu'après avoir été poursuivi et condamné, s'expose à se voir débouté de sa demande en garantie, s'il est démontré qu'il existait des moyens suffisants pour faire rejeter la demande originaire et qu'il n'a pas su les faire valoir (art. 1640 et 2031, C. civ.) (1). De là des contrariétés possibles de décisions judiciaires rendues sur une même question, que le législateur a précisément voulu empêcher, en permettant de joindre les deux instances pour être instruites et jugées l'une avec l'autre.

Dans certaines circonstances, le garant pourra même établir qu'il aurait désintéressé le poursuivant et évité les frais de la contestation primitive et demander qu'ils restent à la charge du garanti (2). Aussi la caution est-elle tenue de dénoncer au débiteur principal les poursuites dirigées contre elle par les créanciers, si elle veut recouvrer les frais qu'elle a faits (art. 2028, C. civ.).

On voit donc que le garanti aura généralement le plus grand intérêt à procéder par la voie incidente pour exercer son recours en garantie. Mais pour former sa demande incidemment, pour mettre en cause le garant et le forcer à intervenir dans l'instance originaire, le garanti a besoin d'un certain temps, pendant lequel il devra nécessairement être sursis à l'instruction de l'instance primitive.

______

(1) Ces dispositions éminemment équitables concernent l'acheteur et la caution, mais on n'hésite pas à les appliquer à tous les cas de garantie. Beaumanoir disait déjà (ch. XXXIV, n° 11, t. II, p. 6) : « De ce que je die garantir ne pot plesdier en mon démace sans moi appeler ; et s'il en pléde et li perd, li damaces en est siens. »

(2) Limoges, 4 février 1824, Dall., v° *Exceptions*, n° 410 ; Pigeau, *Comm.*, I, p. 401.

Dans ce but, il invoque l'exception dilatoire de garantie, dont l'effet est de le faire jouir du délai imparti par la loi pour appeler garant et de faire surseoir à l'examen de la contestation principale dont le tribunal est saisi (art. 175, C. pr.).

Le Code de procédure civile s'occupe de cette exception, mais il n'a pas suffisamment séparé deux points qui doivent être au contraire nettement distingués. Le premier est relatif à l'exception de garantie, c'est-à-dire aux délais qu'entraîne cette exception quant à l'action principale et à la jonction de la demande en garantie à la demande originaire.

Le deuxième point se réfère à l'intervention du garant dans l'instance principale, au rôle qu'il est appelé à jouer dans l'instruction et dans le jugement de cette cause.

CHAPITRE PREMIER

DE L'APPEL EN GARANTIE.

SECTION I. — **Du délai pour appeler garant.**

1. — Toute personne ayant droit à garantie est autorisée à appeler son garant dans l'instance, qui s'est engagée entre elle et le tiers qui la poursuit, ou qui conteste l'existence ou l'exercice de son droit. L'appel en garantie, et par suite l'exception dilatoire de garantie, émanent aussi bien du demandeur originaire que du défendeur, à la différence de l'exception de l'héritier et de la femme commune, qui ne peut être proposée que par le défendeur (1). Aussi l'article 175 ne parle plus de la personne assignée, mais de celui qui prétendra avoir droit d'appeler en garantie. C'est qu'en effet le garanti peut jouer dans le débat judiciaire le rôle de demandeur comme celui de défendeur. Ainsi il est demandeur, lorsque, cessionnaire d'une créance, il poursuit le débiteur cédé et que celui-ci nie la dette. Il est, au contraire, défendeur, lorsque, ayant acheté un immeuble, il est actionné en revendication par un tiers qui s'en prétend propriétaire. Toutefois l'hypothèse, où le garanti est défendeur dans l'instance principale, est la plus fréquente et c'est pour cette raison que les textes relatifs à la garantie incidente prennent comme point de départ des délais pour appeler garant « le jour de la demande originaire ».

(1) Req., 2 mars 1846, Dall., 46.1.193.

La mise en cause du garant nécessite un délai que détermine l'article 175 du Code de procédure. Aux termes de cet article, l'appel en garantie doit être formé dans la huitaine à compter du jour de la demande originaire, et nous ajouterons, ou du jour où la défense qui donne lieu à la demande incidente a été présentée. Pour la clarté des développements qui vont suivre, nous supposerons désormais, ce qui arrive le plus souvent dans la pratique, que la garantie est invoquée par le défendeur.

Ainsi l'acquéreur d'un immeuble, actionné en revendication par un tiers, doit mettre en cause son vendeur dans la huitaine du jour où il est assigné. L'assignation primitive a été, je suppose, remise le premier du mois pour comparaître le 10, délai ordinaire des ajournements : l'acheteur doit signifier sa demande incidente en garantie à son vendeur au plus tard le 9, car le délai de huitaine de l'article 175 n'est pas franc (1). Le délai est susceptible d'une augmentation d'un jour par cinq myriamètres à raison de la distance qui sépare le domicile du garanti de celui du garant (L. 3 mai 1862). Cette augmentation ne concerne, en effet, que le délai nécessaire au garanti pour appeler garant et non pas le délai nécessaire au garant pour

---

(1) Si le garanti avait été assigné à bref délai, l'appel du garant devrait être formé dans le même délai, l'intention du législateur paraissant être d'accorder au garanti le temps qu'il a lui-même pour comparaître. Garsonnet, II, § 388, p. 698, note 6. Mais l'exploit signifié au garant devrait être donné au délai ordinaire de huitaine, à moins que le garanti n'obtienne à son tour du président du tribunal une ordonnance l'autorisant à assigner à bref délai.

Le délai accordé au défendeur court en général du jour où il a reçu l'assignation. Cependant, si les circonstances qui donnent lieu à l'action en garantie n'apparaissent qu'au cours de l'instance, par exemple à l'occasion d'une demande incidente, dans ce cas les délais pour appeler garant ne commencent qu'à dater du jour où cette demande a été formée. Bruxelles, 31 mai 1809, Dall., v° *Exceptions*, n° 415 ; Carré, Chauveau, II, quest. 765 ; Favard de Langlade, II, p. 464, III.

comparaître (1). Les parties de la demande originaire sont, par exemple, domiciliées toutes deux à Paris, mais le garant est domicilié à Rennes (34 m. 6), le défendeur aura jusqu'au 16 pour assigner son garant.

Le défendeur originaire bénéficie même des délais extraordinaires déterminés par l'article 73 du Code de procédure, lorsqu'il est appelé à mettre en cause un garant domicilié hors du territoire de la France continentale. On pourrait cependant en douter, si l'on songe au retard considérable apporté par une telle faculté au jugement de la contestation principale. Mais le sursis s'impose par cela seul qu'il est demandé conformément à la loi. D'ailleurs l'intention du législateur sur ce point est certaine, comme le fait voir le procès-verbal de la séance du Conseil d'Etat du 14 floréal an XIII : « M. Regnault de Saint-Jean d'Angély observe qu'une partie pour différer le jugement pourrait faire assigner en garantie un individu domicilié à la Guadeloupe ; il demande si, dans cette hypothèse, on est tenu d'attendre l'expiration des délais. Le Grand Juge, ministre de la justice, répond que si cette partie a le droit de faire appeler l'individu qu'elle a assigné, on ne pourra passer outre ; que s'il est jugé qu'elle n'avait pas ce droit, son assignation n'arrêtera pas le cours de la procédure (2). »

Le garanti peut avoir à exercer un recours contre plusieurs personnes intéressées dans la même garantie : un acheteur, notamment, peut avoir à appeler tous ceux qui lui ont vendu conjointement, ou les héritiers de son vendeur. D'après la disposition finale de l'article 175, il devra les assigner dans un délai unique qui est toujours de huitaine, outre un délai supplémentaire, au besoin, calculé

---

(1) Rodière, I, p. 341 ; Garsonnet, II, § 388, note 8, p. 698.
(2) Locré, XXI, p. 282 ; Boncenne, III, p. 381.

selon la distance du domicile du garant le plus éloigné.
Ainsi le défendeur originaire, demeurant à Paris, met en
cause ses co-vendeurs dont l'un est domicilié à Tours et
l'autre à Nantes, le délai pour les appeler sera de huitaine
depuis la demande originaire, plus un jour par cinq myriamètres de distance entre Paris et Nantes, qui est la
ville la plus éloignée. Il n'en résultera aucun préjudice
pour le demandeur originaire, puisqu'il eût toujours fallu
déterminer le délai d'après cette distance, si ce dernier
garant eût dû être seul appelé.

Cette hypothèse de plusieurs co-garants ne doit pas être
confondue avec celle de garants différents et successifs.
Celui qui est appelé en garantie peut avoir en effet de
son côté un recours à exercer, ce qui se présentera dans
le cas d'aliénations successives, et il fallait bien lui permettre de réclamer à son tour un délai pour mettre en
cause son propre garant. L'article 176 vise ce cas et dispose qu'il sera tenu de le faire dans le même délai de huitaine, à compter de la demande en garantie formée contre
lui ; « ce qui sera successivement observé à l'égard du
sous-garant ultérieur ». Il y aura donc autant de délais que
de personnes appelées successivement en garantie.

Enfin le point de départ du délai pour appeler garant
peut se trouver reporté à l'expiration des délais légaux ou
judiciaires pour faire inventaire et délibérer, lorsque le
garanti est un successible qui est en droit de se prévaloir
de l'exception de l'article 174. L'article 177 dit en effet :
« Si néanmoins le défendeur originaire est assigné dans
les délais pour faire inventaire et délibérer, le délai pour
appeler garant ne commencera que du jour où ceux pour
faire inventaire et délibérer seront expirés » et l'article 187
déclare que l'exception de garantie est recevable après les
délais d'inventaire et de délibération. « Appeler garant,

c'est accepter le débat sur la demande principale » ; or, le successible ne peut être obligé de prendre qualité à l'égard des demandes de la succession, tant que les délais pour faire inventaire ne sont pas écoulés (1).

L'article 177 ne mentionne que le *défendeur originaire*. On ne fait cependant aucune difficulté pour étendre sa disposition au garant ou au sous-garant qui serait appelé en garantie pendant les mêmes délais pour faire inventaire et délibérer. Déjà sous l'Ordonnance de 1667, qui contenait la même formule en apparence restrictive (tit. VIII, art. 3), Rodier enseignait la même solution, qui ne saurait être contestée aujourd'hui, surtout en présence des termes généraux de l'article 187. Le demandeur originaire est donc obligé d'attendre l'échéance de tous les délais que les garants et sous-garants peuvent avoir pour faire inventaire et délibérer, avant de poursuivre contre le garanti (2).

La demande en garantie incidente ne doit pas retarder trop longtemps la solution de l'instance principale : aussi l'article 178 refuse-t-il toute autre prolongation des délais, qui sont en effet suffisants pour mettre les garants et sous-garants en face du demandeur originaire. « Il n'y aura pas d'autre délai pour appeler garant, en quelque matière que ce soit, sous prétexte de minorité ou autre cause privilégiée..... » Ainsi aucune exception n'est faite même en faveur des mineurs : le délai pour appeler garant est le même à l'égard de toutes les personnes qui y ont droit. Quant à l'expression finale de l'article « ou autre cause privilégiée », elle n'est que la reproduction inutile des termes correspondants de l'Ordonnance de 1667,

(1) Pigeau, *Comm.*, I, p. 399, art. 177 ; Carré, Chauveau, II, art. 177, § 135 ; Boitard, Colmet-Daâge et Glasson, I, n° 382.

(2) Dalloz, *Rép.*, v° *Exceptions*, n° 414 ; Rodière, I, p. 342 ; Carré, Chauveau, II, quest. 767 ; Rodier, art. 3, tit. VII de l'Ordon. de 1667 ; Bioche, *Dict. de procéd.*, v° *Garantie*, n° 29. — *Contrà* : Delzers, II, p. 219.

qui s'appliquaient aux causes concernant les églises, les communautés, les hospices. Ces corporations jouissaient en certains cas dans l'ancienne jurisprudence d'une prorogation de délais, par exemple pour la requête civile, et l'Ordonnance avait voulu leur retirer, par cette disposition formelle, une semblable prérogative pour la demande en garantie incidente ; mais ce privilège n'existe plus en aucune matière pour ces personnes morales sous le Code de procédure civile (1).

Le délai pour intenter l'action en garantie est établi dans l'intérêt exclusif du demandeur et du défendeur originaire et dans le seul but d'éviter des retards préjudiciables dans la solution de l'instance principale. Il en résulte cette double conséquence : 1° que le garant, assigné après l'expiration du délai, ne peut se prévaloir de cette circonstance et demander son renvoi devant les juges de son domicile à raison de ce qu'il n'a pas été appelé en temps utile (2). L'article 178 *in fine* reconnaît expressément au défendeur originaire le droit de former une demande en garantie incidente après le délai prescrit, pourvu que cette demande ne retarde pas l'instruction de la contestation principale (3). Car, disait le rapporteur de la loi devant le

(1) Rodier, Ord. de 1667, art. VIII, quest. 1re ; Pigeau, *Comm.*, I, p. 402.

(2) Bruxelles, 10 juillet 1809, Sir., 10.2.53 ; Limoges, 4 février 1824, Dall., v° *cit.*, n° 410 ; Bruxelles 26 mai 1827, *Pasicrisie belge*, VII, p. 192 ; Nancy, 13 mai 1836, Dall., v° *cit. eod. loc.* ; Rouen, 14 avril 1853, Dall., 53.2.140 ; Agen, 27 mai 1873, Dall., 74.5.283 ; Bordeaux, 8 décembre 1885, *Rec. de Bordeaux*, 1887.1.78 ; Trib. civ. de Pontarlier, 21 décembre 1887, *Gazette du Palais*, 88.1. supp. 51 ; Cass., 2 décembre 1890, Dall., 91.1. 478, Sir., 94.1.342 ; Rodier sur l'article 2 du tit. VIII de l'Ordon. quest. 1re. Le demandeur originaire lui-même ne pourrait pas s'opposer à l'intervention tardive du garant : il ne pourrait que se refuser à laisser suspendre les poursuites jusqu'à la mise en cause de ce tiers.

(3) Carré et Chauveau, II, quest. 704 ; Favard de Langlade, II, p. 464 ; Rousseau et Laisney, *Dict de procéd.*, v° *Exceptions*, n° 247 ; Lepage,

Corps législatif, « du moment qu'on n'apporte aucun retard à la décision de la cause qui est en état d'être jugée, chacun doit avoir le droit de poursuivre le garant quand il le veut : souvent une poursuite tardive deviendrait inutile ».

2° Qu'aucun délai n'est prescrit toutes les fois que la demande en garantie est formée entre les parties qui sont déjà en cause et que des conclusions en ce sens peuvent être signifiées tant que le jugement n'a pas été rendu. Le possesseur d'un immeuble l'a donné à bail et un tiers s'en prétendant propriétaire, actionne conjointement son possesseur et son locataire, l'un en revendication, l'autre en paiement des dégradations par lui commises ; si le locataire prend des conclusions en garantie contre son bailleur pour se faire indemniser du préjudice qui le menace, ces conclusions pourront être déposées en tout état de cause (1).

2. — La demande en garantie incidente a naturellement pour effet d'arrêter la marche de l'instance principale. Le garant est appelé à venir prendre la défense du garanti et il faut bien surseoir à l'examen de la contestation jusqu'à sa comparution. Tel est précisément le but de l'exception dilatoire de garantie. Le défendeur originaire opposera au demandeur qu'il entend se prévaloir des délais qui lui sont accordés pour appeler garant et demander qu'il soit sursis en conséquence à l'instruction de la demande jusqu'à leur expiration, pour que le garant puisse arriver en cause.

Il peut se faire, à la rigueur, qu'il n'y ait pas lieu pour

Quest. sur le Code de proc., p. 84 ; Delzers, II, p. 215 ; Bioche, v° *Garantie*, n° 23 et suivants ; Boncenne, *Proc. civ.*, III, p. 382 ;
(1) Bourges, 29 juillet 1811, Dall., v° *Exceptions*, n° 406 ; **Civ.** rej., 7 novembre 1849, Dall., 49.1.284, Sir., 50.1.204 ; Rousseau et Laisney, *Dict. de proc.*, v° *Exceptions*, n° 244.

le garanti d'opposer l'exception dilatoire, bien qu'il ait formé son recours en garantie. Le délai donné au garant pour comparaître peut en effet expirer avec ou même avant le délai de comparution du défendeur originaire.

Ainsi le garanti assigne son garant, domicilié dans la même ville, le jour même où il a reçu sa propre assignation, le délai de l'ajournement en garantie viendra à échéance en même temps que le délai de l'assignation primitive Il serait même échu avant, si le délai de l'assignation principale était augmenté de délais de distance auxquels il n'était pas soumis. Le propriétaire d'un immeuble situé à Paris, reçoit le 1er mars à Quimper (62 m. 3 de Paris) assignation à comparaître devant le tribunal de la Seine : il n'est tenu de constituer avoué que le 22 mars, mais, dès qu'il a été assigné, le 4 mars, par exemple, il appelle en cause devant le même tribunal son garant domicilié à Paris ; l'assignation en garantie est donnée au délai ordinaire de huitaine sans augmentation de distance; le garant doit répondre le 13, par conséquent neuf jours avant le défendeur principal.

Dans ces deux cas, il n'y a pas à invoquer l'exception de garantie, puisque le sursis est inutile. Mais de telles circonstances se rencontreront assez rarement. L'assignation en garantie aura presque toujours une échéance plus éloignée que l'ajournement de la demande principale et le garanti aura besoin de réclamer un sursis au moyen de l'exception dilatoire. L'article 179 du Code de procédure détermine dans quelle forme et à quel moment cette exception doit être proposée. Aux termes de cet article, le défendeur originaire, dans les délais de l'assignation primitive, doit notifier au demandeur qu'il a formé ou *va former* un recours en garantie et qu'en conséquence la suspension des poursuites devient nécessaire pour permettre au garant de comparaître. L'article semble bien, il est vrai, obliger le défendeur à déclarer qu'il *a formé* sa demande en garantie, mais sa disposition ne peut être prise entièrement à la lettre, puisque l'appel en garantie est encore possible même après le délai de l'ajournement primitif, par suite de la prolongation du délai à raison des distances. Ainsi le défendeur est cité le 1er mars à comparaître le 10 devant le Tribunal de la Seine : il a un garant domicilié à Nantes (38 m. 9 km. de Paris), il a jusqu'au 16 pour assigner ce tiers en garantie.

L'exception dilatoire de garantie se propose par un simple acte d'avoué à avoué et non par une requête motivée, comme l'exception du délai pour faire inventaire et délibérer ; elle doit d'ailleurs être opposée *in limine litis*, c'est-à-dire avant les conclusions au fond (1). Sur cette déclaration, le demandeur est tenu de s'arrêter et, à l'expiration du délai originaire, il ne peut pas être pris de défaut contre le défendeur (2). Aucune justification actuelle de l'existence effective du recours en garantie ne peut être exigée ; elle serait d'ailleurs le plus souvent impossible pour le défendeur qui n'a pas formé sa demande en garantie incidente, ou qui n'a pas encore entre les mains l'original de l'exploit d'assignation qu'il a adressé au garant. Aussi l'article 179, en décidant que la preuve de la réalité de cette demande ne devra être rapportée par le garanti *qu'a-*

_____

(1) La déclaration faite à l'audience que l'on va former une demande en garantie ne suffit pas pour obliger le tribunal à remettre le jugement de la demande principale. Cass., 14 mai 1838, Dall., 38.1.262. — *Contrà* : Thomine-Desmazures, I, art. 179.

(2) L'article 179 dit : « Il ne sera pris aucun défaut contre lui. » Cette expression a été mal à propos copiée dans l'Ordonnance de 1667 (tit. VIII, art. 5) où elle faisait allusion au défaut faute de défendre. Aujourd'hui il ne peut plus évidemment être question ici que du défaut faute de conclure, puisque le seul autre défaut admis, le défaut faute de comparaître, est inapplicable, le garanti ayant dans l'espèce constitué avoué

près l'échéance du délai pour appeler garant, s'est-il écarté, avec raison, sous ce rapport de l'ancienne jurisprudence. Beaumanoir déclarait déjà que : « Se li aucun requièrent lonc jor d'avoir lor garans, parce qu'il dient que lor garans est en estranges terres, on lor doit demander le nom et le sornom de celui qu'il dient qui doit estre lor garans, et pour quele raisons il est tenus à porter la garantie » (II, ch. 34, nº 65, p. 37), et l'Ordonnance de 1667 (tit. VIII, art. 5) prescrivait au défendeur de donner « copie de l'exploit de la demande en garantie et des pièces justificatives » dans le délai de l'ajournement primitif. La marche, tracée par l'Ordonnance, peut encore être suivie aujourd'hui dans certains cas et voici la distinction qui est admise généralement en ce qui concerne la justification exigée du garanti et qui peut se concilier parfaitement avec la disposition peu précise de l'article 179.

Lorsque le défendeur originaire a exercé son recours en garantie et que l'original de la citation en garantie est revenu entre ses mains, avant qu'il ait fait sa déclaration au demandeur, il ne doit pas attendre, pour fournir la justification de la demande en garantie, que le délai qu'il a pour la former soit expiré ; il donnera copie, en tête de la notification par acte d'avoué à avoué, de l'assignation en garantie, ou offrira la communication de l'original. Si, par exemple, le garanti a été assigné le 1er mars pour comparaître le 10 et a fait citer dès le 7 son garant, domicilié dans la même ville que lui, l'exploit remis à ce dernier lui sera retourné au plus tard le 8 mars, par conséquent avant l'expiration du délai du premier ajournement et il devient dès lors possible de donner copie de l'exploit en même temps que la notification prescrite dans ce délai. Si le défendeur « n'est pas tenu de produire cette pièce, quand il lui est matériellement impossible de le faire, il n'y a pas de raison pour l'en dispenser, quand rien n'empêche de la fournir (1) ». La procédure se trouve par le fait même simplifiée.

Si, au contraire, le garanti n'a pas formé son recours dans les délais de l'assignation primitive, ou si l'original de la citation en garantie ne lui est pas encore revenu à raison de l'éloignement du garant, aucune justification n'est requise provisoirement de sa part ; le demandeur n'est en droit d'exiger la preuve du recours en garantie qu'après l'*échéance du délai pour appeler garant*, suivant l'expression un peu vague de l'article 179. On entend par là le moment où l'original de la citation en garantie a pu faire retour au défendeur primitif et on le détermine en présumant que cet original met pour revenir entre les mains du garanti autant de jours qu'il y a de fois cinq myriamètres entre le domicile du garant et celui du garanti (ancienne disposition de l'article 1033).

Ainsi le défendeur originaire, assigné à Paris le 1ᵉʳ mars, avertit le 9 le demandeur par acte d'avoué à avoué qu'il va mettre en cause un garant domicilié à Lyon (46 m. 3 km. de Paris) et il cite en effet en garantie ce tiers le 18 mars, dernier jour utile pour l'appel en garantie. L'exploit, signifié le 18 au garant, est considéré comme revenu à son point de départ neuf jours après, c'est-à-dire le 27 mars, et, dès ce jour-là, le demandeur est autorisé à sommer le garanti de le lui représenter (2).

Si la justification de la demande incidente en garantie n'est pas fournie et qu'il soit par conséquent démontré que l'appel en garantie n'a pas été formé et que la décla-

_____

(1) Rodière, I, p. 343 ; Garsonnet, II, § 389, p. 703, note 23.

(2) Boitard, Colmet-Dâàge et Glasson, I, nº 388 ; Bioche, vº *cit.*, nºˢ 18 et 19 ; Rodière, I, p. 344 ; Dalloz, vº *Exceptions*, nº 432. Conf. Cass., 12 novembre 1855, Dall., 56.1.162.

ration d'avoué est mensongère et frustratoire, non seulement l'instance principale reprend immédiatement son cours, mais le défendeur peut encore être condamné à des dommages-intérêts à raison du préjudice causé au demandeur originaire par ce retard. Les tribunaux jouissent à cet égard d'un pouvoir discrétionnaire, conformément au droit commun.

Si, au contraire, l'allégation du défendeur originaire est reconnue fondée et que la preuve de l'appel en garantie soit rapportée, le défendeur principal est tenu de surseoir aux poursuites jusqu'à l'expiration du délai de comparution du garant. La justification des demandes en sous-garantie doit se faire de la même manière.

Le demandeur, qui se voit opposer l'exception dilatoire de garantie, peut en contester l'opportunité et prétendre qu'il n'y a pas lieu au délai pour appeler garant. Cet incident est formé par une requête, à laquelle le défendeur répond. L'article 75 du tarif alloue six rôles pour chacune de ces écritures. L'incident est jugé sommairement (art. 180 C. pr.). Le législateur n'oblige pas en effet le garanti à produire des pièces justificatives à l'appui de sa déclaration de recours en garantie et l'exception peut n'être que « tricherie pour gaigner du temps », comme disait Beaumanoir. Aussi le demandeur est-il admis à s'opposer au sursis réclamé par le défendeur et sa prétention peut se fonder sur plusieurs causes. Il peut, en effet, alléguer que l'exception de garantie n'est plus recevable, à raison de ce que le garant n'a pas été appelé dans le délai de la loi ou que le défendeur a conclu au fond avant de former son recours en garantie. Mais le demandeur ne pourrait pas repousser l'exception dilatoire en se basant sur le retard excessif qu'elle apporterait à l'examen de la demande principale. Le garant fût-il domicilié dans les colonies, le tribunal devrait néanmoins accorder le sursis demandé, malgré la date très éloignée de la comparution de ce garant (huit mois au maximum, art. 73 C. proc.).

Le demandeur peut enfin soutenir que l'exception invoquée n'est qu'un prétexte pour tenir pendant un certain temps en échec la cause principale et que la garantie n'est point due, soit parce qu'il apparaît d'après le titre même d'acquisition du défendeur que l'immeuble revendiqué lui a été cédé sans garantie, soit parce que le défendeur actionné possède cet immeuble comme donataire. De même, en matière personnelle, le défendeur, assigné en paiement d'une certaine somme, réclame un délai pour mettre en cause un tiers qui lui doit pareille somme ; il est évident qu'il n'y a pas lieu dans l'espèce à garantie et que le délai doit être refusé. Ce ne sont là que les cas les plus ordinaires où l'exception dilatoire peut être contestée. Il pourrait s'en présenter d'autres et le demandeur aurait toujours le même pouvoir de s'opposer au délai réclamé sous le prétexte d'une demande en garantie qui n'aurait en réalité aucun fondement.

SECTION II. — De la compétence spéciale en matière de garantie incidente.

La personne appelée incidemment en garantie doit procéder devant le tribunal où la demande originaire est pendante, encore qu'elle dénie être garante (art. 59-8º et 181 C. pr.). C'est là une dérogation notable aux règles ordinaires de la compétence, qui se justifie par la nécessité d'éviter autant que possible la contrariété de décisions judiciaires rendues sur une même question. Elle abrège la procédure et procure au garanti l'avantage essentiel d'une économie de temps et de frais. Le tribunal saisi de la demande principale est d'ailleurs mieux placé que tout autre pour statuer d'une manière sûre et prompte relativement à l'action en garantie incidente. Si le tiers assigné conteste sa qualité de garant, il reste néanmoins justiciable de ce tribunal qui décidera sur l'existence de la garantie alléguée. Le but de la loi serait manqué, s'il dépendait d'un garant de mauvaise foi de faire prononcer sur la question préjudicielle par un tribunal peut-être fort éloigné.

Mais la règle de l'article 181, malgré la généralité des termes dans lesquels elle est conçue, ne constitue qu'une dérogation aux principes de la compétence *ratione personæ*. Elle ne peut être appliquée, lorsque le tribunal devant lequel est portée la demande originaire se trouve incompétent à raison de la matière pour connaître de l'obligation du garant. En conséquence, un tribunal d'exception, auquel est soumis un recours en garantie formé incidemment à une demande principale exercée devant lui, doit s'abstenir de statuer sur la question de garantie, lorsqu'elle ne rentre pas par sa nature dans ses attributions. Il est même tenu de renvoyer les parties d'office et en tout état de cause (1).

Ainsi les tribunaux de commerce sont incompétents d'une manière absolue, *ratione materiæ*, à l'égard des demandes en garantie incidentes, ayant un caractère purement civil (2). C'est par application de ce principe qu'il a

---

(1) Paris, 4 décembre 1886, *Mon. des juges de paix*, 1887.13 ; Req., 15 décembre 1841, Dall., 42.1.27 ; Jousse, sur l'art. 14, tit. XII, *Ordon. de 1673*, p. 252.

(2) Poitiers, 18 avril 1883, Dall., 84.2.30 ; Bravard-Veyrières, VI, p. 439 ; Nouguier, II, p. 330 ; Acremant, n° 5 ; Bédarride, *Jurid. com.*, n° 153 ; Orillard, n° 57 ; Vincens, I, p. 166 et II, p. 341 ; Pardessus, n° 1337 ; Merlin, *Quest.*, v° *Lettre de change*, § 4 ; Carré et Chauveau, II, quest.

été très souvent jugé que le garant, non commerçant et qui n'a pas fait acte de commerce, ne peut être appelé devant la juridiction consulaire saisie de la demande principale. La jurisprudence est depuis longtemps constante en ce sens; la persistance des tribunaux de commerce dans la voie opposée fait tout l'intérêt de ce point de droit qui n'est plus controversé (1).

De même, le tribunal de commerce, qui annule un

771 *bis* § 1 et quest. 772 ; Carré, Chauveau et Dutruc, Supp. alph., v° *Garantie*, n°ˢ 24 et suiv.

(1) Angers, 3 janvier 1810, Sir., 14.2.199 ; Cass., 12 février 1811, Sir., 11.1.265, Dall., 11.1.303 ; Paris, 14 juillet 1825, Dall., 25.2.234 ; Paris, 7 mars 1837, Dall., 37.2.110 ; Cass., 5 avril 1837, Dall., 37.1.281 ; Paris, 5 mai 1837, Dall., 38.2.109, Sir., 37.2.211 ; Poitiers, 9 février 1838, Dall., 38.2.27, Sir., 38.2.250 ; Rouen, 23 janvier 1840, Dalloz, v° *Compét. commerc.*, n° 836 ; Amiens, 7 avril 1840, Dall., 42.2.194, Sir., 42.2.513 ; Nancy, 30 décembre 1841, Dall., 42.2.190, Sir., 42.2.513 ; C. Cass. Belgique, 14 novembre 1844, Dall., 46.2.4 ; Limoges, 21 juin 1845, Dall., 46.4.84 ; Limoges, 16 avril 1847, Sir., 48.2.192 ; Civ. Cass., 8 novembre 1847, Dall., 47.4.99 ; Orléans, 20 décembre 1848, Dall., 54.2.89 ; Rennes, 13 janvier 1851, Dalloz, 52.2.29 ; Trib. de la Seine, 26 décembre 1855, *Journ. des trib. de com.*, V, p. 101 ; Pau, 29 décembre 1857, Dall., 58.2.141, *J. des trib. de com.*, VIII, p. 108 ; Rouen, 4 novembre 1858, Sir., 59.2.669 ; Paris, 11 mars 1859, *J. des trib. de com.*, VIII, p. 386 ; Cass., 20 avril 1859, Sir., 59.1.595, Dall., 59.1.170 ; Marseille, 28 octobre 1861, *Journ. de Marseille*, 61.1.319 ; Marseille, 8 avril 1863, *Journ. de Marseille*, 63.1.112 ; Marseille, 10 décembre 1863 et 4 mars 1864, *Journ. de Marseille*, 64.1.32 et 64.1.96 ; Aix, 31 octobre 1864, *Journ. de Mars.*, 64.1.331 ; Lyon, 9 mars 1867, Sir., 67.2.256, Dall., 67.2.84 ; Trib. de com. d'Agen, 25 novembre 1867, *Recueil d'Agen*, 67.266 ; Bordeaux, 17 janvier 1868, *Recueil de cette cour*, 68.132 ; Marseille, 6 avril 1870 et Aix, 30 mai 1870, *Journ. de Marseille*, 70.1.141 et 292 ; Rennes, 5 avril 1876, *Journ. de Nantes*, 77.1.29 ; Paris, 28 mai 1877, Dall., 78.2.211 ; Douai, 7 janvier 1878, *Recueil de cette cour*, 78.58 ; Cass., 10 mars 1879, Dall., 79.1.216 ; Paris, 20 décembre 1884 et 28 février 1885, Dall., 86.2.218 et 118 ; Paris, 3 mai 1881, Dall., 81.2.193, Sir., 82.2.45 ; Paris, 26 février 1886, *Gazette du Palais*, 86.1.665 ; Trib. de com. de la Seine, 11 octobre 1892, *Gazette du Palais*, 92.2.496 ; Douai, 19 décembre 1893, Sir., 94.2.129 ; Rousseau et Laisney, v° *Compét. des trib. de com.*, n° 45. On trouve cependant quelques arrêts en sens contraire : Paris, 20 août 1812, S. chr. ; Rouen, 30 août 1813, Sir., 16.2.101 ; Colmar, 18 juin 1825, *Journ. des avoués*, XXIX, p. 317 ; Req., 26 mai 1830, Dall., 30.1.262 ; Paris, 20 août 1842, Dall., 43.2.29, Sir., 42.2.513 ; Caen, 27 février 1847, Sir., 48.2.192.

exploit pour vice de forme, ne peut connaître de l'action incidente en garantie exercée contre l'huissier auteur de la nullité. Ainsi, lorsque le porteur d'une lettre de change se voit opposer par l'endosseur, qu'il poursuit, la dé-chéance de son recours à raison de la nullité du protêt provenant du fait de l'huissier chargé de le dresser, la demande en garantie intentée contre cet officier ministériel ne peut être formée incidemment à la poursuite en paiement de la lettre de change dont le tribunal de commerce est saisi. L'obligation de l'huissier d'indemniser le porteur du préjudice qu'il va subir par sa faute, a en elle-même une cause purement civile ; elle dérive en effet du quasi-délit commis par l'huissier ; elle n'est donc pas de la compétence de la juridiction commerciale et doit être renvoyée à l'examen du tribunal civil (1).

Il y a encore exception à la règle de compétence spéciale établie en matière de garantie, lorsque la demande principale est pendante devant une juridiction étrangère. Un Français ne saurait être appelé en garantie devant un tribunal étranger ; le recours dirigé contre lui devrait être formé par action principale devant le tribunal de son domicile (2). Mais les tribunaux français sont compétents pour connaître de l'action en garantie, exercée par un étranger contre un autre étranger, incidemment à une contestation principale qui s'est élevée devant ces tribunaux, soit entre Français et étranger, soit entre étrangers.

(1) Cass., 30 novembre 1813, Sir., 14.1.16 ; Cass., 19 juillet 1814, Sir., 15.1.9 ; Cass., 20 juillet 1815, Sir., 15.1.379 ; Cass., 2 janvier 1816, Dall., 16.1.122, Sir., 17.1.15 ; Cass., 16 mai 1816, Sir., 16.1.341 ; Cass., 2 juin 1817, Sir., 17.1.275 ; Cass., 8 novembre 1820, Sir., 21.1.339 ; Cass., 28 août 1840, Sir., 40.1.393, Dall., 40.1.333 ; Orillard, n° 97 ; Boncenne, III, p. 402 ; Boitard, Colmet-Dâage et Glasson, I, n° 390 ; Le Poittevin, *Compét. d'attribution des trib. de commerce*, ch. I, n° 3.

(2) Rodier, tit. VIII, art. 8, quest. 1re ; Carré et Chauveau, II, quest. 269 ; Rousseau et Laisney, v° *Compétence*, n° 129.

L'application, généralement reconnue par la doctrine, de la règle fondamentale de compétence de l'article 59 du Code de procédure entre étrangers, avec les exceptions qu'elle comporte, conduit à donner cette solution en matière de garantie incidente (1). La jurisprudence décide toutefois en principe que les tribunaux français sont incompétents pour statuer sur la demande en garantie incidente dirigée par le défendeur contre un autre étranger (2) et elle ne leur attribue la connaissance de semblables actions récursoires qu'à titre exceptionnel, notamment quand le garant a été partie dans la convention intervenue entre le demandeur originaire et le garanti, à raison de la connexité qui existe par suite entre les deux demandes (3). Cette solution est assez difficile à justifier, surtout en présence de ces deux principes admis par la jurisprudence elle-même, que la règle de compétence spéciale édictée par l'article 181 fait exception aux dispositions de la compétence *ratione personæ* et que les tribunaux français ne sont incompétents que d'une manière relative, pour connaître des contestations entre étrangers.

Une question, qui a été assez vivement discutée, est celle de savoir si une demande en garantie incidente peut être formée pour la première fois devant la Cour d'appel saisie de la demande originaire. Les termes généraux de l'article 181 ont conduit certains auteurs à décider que le

---

(1) Rouen, 22 mai 1857, Dall., 58.2.40 ; Douai, 10 mars 1870, Sir., 70.2. 288, Dall., 70.2.158. — Nous supposons naturellement qu'il n'existe pas de traité entre la France et la nation à laquelle appartiennent ces étrangers, car s'il en avait été conclu un, il faudrait s'en tenir au texte même de ce traité.

(2) Cass., 27 janvier 1857, Dall., 57.1.142, Sir., 57.1.161 ; Cass., 17 juillet 1877, Sir., 77.1.449 ; Cass., 15 janvier 1878, Sir., 78.1.300, Dall., 78.1.170. V. les observations de M. Demangeat dans le *Journ. de dr. intern. privé*, année 1877, p. 109.

(3) Douai, 30 mars 1870, précité.

garanti a le droit de mettre en cause son garant pour la première fois devant les juges d'appel, s'il estime son intervention nécessaire pour la défense de ses intérêts. Cet article, en effet, attribue compétence au tribunal devant lequel l'instance principale est pendante, sans faire aucune distinction entre les tribunaux de première instance et les juridictions d'appel. L'intention du législateur, ajoute-t-on, a d'ailleurs été de subordonner d'une façon étroite le recours en garantie à la demande originaire, tant que celle-ci n'est pas définitivement jugée et il n'a pas voulu permettre que ces deux demandes fussent portées devant des tribunaux différents. C'est dans ce but qu'il a dispensé d'une manière absolue la demande incidente en garantie du préliminaire de conciliation (art. 49, C. pr.). Les dispositions du Code de procédure ne sont d'ailleurs que la reproduction des termes mêmes de l'article 8 du titre VIII de l'Ordonnance de 1667 qui étaient déjà interprétés en ce sens par les meilleurs commentateurs de cette Ordonnance. Il y a, en outre, célérité et économie à faire statuer directement par la Cour d'appel sur le recours en garantie et on rend, par le fait même, service au garant, en ne laissant pas préjuger la question par l'arrêt qui décidera la contestation principale.

Cette opinion est repoussée aujourd'hui à peu près unanimement par la doctrine et la jurisprudence, car elle a le grave défaut de méconnaître la règle fondamentale des deux degrés de juridiction (1). L'action en garantie, con-

---

(1) Paris, 5 mars 1812, Sir., 13.2.17 ; Cass., 11 février 1819, Dall., 19. 1.307, Sir., 19.1.305 ; Paris, 7 février 1824, Sir., 25.2.196 ; Bordeaux, 1er mars 1826, Dall., 26.2.145 ; Cass., 20 juillet 1830, Dall., 30.1.375 ; Cass., 18 février 1834, Sir., 34.1.168, Dall., 34.1.126 ; Cass., 24 juin 1845, Sir., 45.1.748, Dall., 45 1.344 ; Caen, 30 avril 1849, Sir., 52.2.177 ; Paris, 30 janvier 1872, Sir., 72.2.139 ; Amiens, 11 juin 1872, Sir., 72.2.139 ; Merlin, vᵒ *Garantie*, V, p. 468 et quest., *ibid.*, III, p. 282 ; Carré et Chau-

sidérée dans ses rapports entre le garant et le garanti, est une demande principale qui doit à ce titre parcourir les deux degrés de juridiction. Vainement invoquerait-on la dépendance de cette action avec la contestation originaire; cette dépendance, toute relative d'ailleurs, ne saurait lui enlever le caractère d'action introductive d'instance.

La règle de compétence exceptionnelle de l'article 181 ne saurait non plus s'appliquer à cette hypothèse, puisqu'elle n'est, comme nous venons de le voir, qu'une dérogation aux principes de la compétence relative. Or, l'incompétence des Cours d'appel à l'égard des affaires qui n'ont pas traversé le premier degré de juridiction est *absolue* et doit être déclarée d'office. On l'a contesté en prétendant que le principe des deux degrés de juridiction n'est pas d'ordre public, qu'il est établi dans l'intérêt des parties qui ont toujours la faculté de renoncer aux garanties créées en leur faveur. Elles peuvent en effet s'en tenir au premier degré de juridiction et renoncer au bénéfice de l'appel. A plus forte raison, doit-on leur reconnaître le droit de se contenter du second degré qui offre des avantages réels sur le premier. — Cette conséquence ne saurait être admise : lorsque les parties renoncent à l'appel, elles ne font qu'user de leurs droits et respectent l'ordre des juridictions déterminé par la loi ; quand, au contraire, elles suppriment le premier degré, elles intervertissent les degrés de juridiction et portent atteinte aux principes de l'organisation judiciaire. Aussi l'ordre public est-il intéressé à ce qu'ils ne soient pas modifiés ; et toutes les fois

---

veau, II, quest. 771 *bis* et 773, et supplément, vᵒ *Garantie*, nᵒˢ 41 et 42 ; Thomine-Desmazures, I, p. 337 ; Pigeau, *Comm.*, I. p. 405 ; Lepage, p. 168, quest. IV ; Favard de Langlade, II, p. 465 ; Boncenne, III, p. 405; Dalloz, vᵒ *Exceptions*, nᵒ 398. — *Contrà* : Trèves, 16 juillet 1810, Sir., 11.2.257 ; Joccoton, *Rev. de dr. fr. et étrang.*, 1849, VI, p. 902.

que ces principes essentiels sont violés, il y a incompétence absolue. Nous conclurons donc que la demande incidente en garantie ne peut être portée *de plano* devant la Cour d'appel, puisque cette Cour est incompétente *ratione materiæ* pour en connaître. Le garant peut demander en tout état de cause son renvoi devant les tribunaux de première instance et s'il gardait le silence, les juges devraient le prononcer d'office (1).

Les décisions judiciaires présentent de fréquentes contradictions, car la jurisprudence a une grande tendance à décider la question suivant la difficulté qui lui est soumise sans s'attacher au principe général que nous avons indiqué. Elle admet en outre certaines exceptions au principe, lorsque, par suite de lois spéciales, l'affaire principale est portée elle-même *omisso medio* devant une Cour d'appel ou que l'action en garantie a une cause postérieure au jugement de première instance. Dans ces deux hypothèses, le garanti ne peut suivre une autre marche pour mettre son garant en cause. Ainsi sur l'action en paiement de frais exercée par un avoué d'appel contre les héritiers de son client décédé et portée, aux termes de l'article 60 du Code de procédure, directement devant la Cour où les frais ont été faits, l'un de ces héritiers poursuivis appelle en garantie le tiers à qui il a cédé tous ses droits; la demande incidente en garantie sera dans ce cas recevable *de plano* devant la Cour saisie de l'instance principale (2).

---

(1) En ce sens : Cass., 11 février 1819, précité ; Delzers, II, p. 230 ; Boncenne, III, p. 412. — *Contrà* : Cass., 12 août 1818, Dall., 18.1.624 ; Cass., 16 juin 1824, Sir., 24.1.310 ; Cass., 20 juillet 1830, Dall., 30.1.375 ; Cass., 21 mars 1855, Sir., 55.1.625 ; Paris, 30 janvier 1872, précité ; Cass., 2 mars 1887, *Gazette du Palais*, 87.1.381 ; Carré et Chauveau, III, quest. 773 *bis*.

(2) En ce sens : Poitiers, 18 avril 1883, Dall., 84.2.30 ; Chauveau sur Carré, II, quest. 771 *bis* § 3-2°. Conf. Req., 4 ventôse an XI, Dalloz, v° *Ex-*

La jurisprudence a décidé de même fort souvent (1) que la demande en garantie peut être formée directement devant la Cour d'appel, lorsqu'elle est dirigée contre un officier ministériel à raison d'une nullité commise par lui dans la procédure d'appel. Elle donne généralement comme principal argument que, s'il fallait admettre en pareil cas le renvoi devant le tribunal compétent pour l'allocation des dommages-intérêts, on arriverait à ce résultat étrange que l'arrêt d'une Cour d'appel se trouverait être directement ou indirectement contrôlé par une juridiction d'ordre inférieur.

L'article 181, en attribuant au tribunal saisi de la contestation principale la connaissance du recours formé contre un tiers par l'une des parties en cause, suppose évidemment qu'il s'agit d'une véritable action en garantie et non d'une action de tout autre nature. Ainsi, lorsque le propriétaire d'un immeuble s'assure contre l'incendie, la police d'assurance, qui détermine les conditions du contrat, contient cette clause de style que, pour le cas où un locataire de l'immeuble se trouverait responsable de l'incendie, le propriétaire cède dès maintenant à la compagnie ses droits et actions contre le locataire. L'immeuble venant à être incendié, très souvent le débat suivant s'élève entre les parties. Le propriétaire assuré exerce son

ceptions, nº 394 ; Cass., 7 novembre 1849, Sir., 50.1.204, Dall., 49.1.284. — Contrà : Paris, 30 janvier 1872, précité.

(1) Rennes, 20 février 1828, Sir., 28.2.161 ; Grenoble, 14 décembre 1832, Sir., 33.2.443, Dall., 33.2.93 ; Bastia, 21 mars 1835, Dall., 35. 2.59, Sir., 35.2.414 ; Riom, 25 juin 1844, Sir., 44.2.665 ; Nancy, 27 décembre 1854, Dall., 55.2.203 ; Riom, 7 février 1859, Dall., 59.2.139 ; Bourges, 16 février 1874, Dall., 77.2.53 ; Besançon.23 février 1880, Sir.,82.2.9, Dall., 80.2.225.— Contrà : Bruxelles, 25 mai 1822, Dall., vº Exceptions, nºs 378 et suiv. ; Grenoble, 6 février 1827, Dall., vº Degrés de juridict., nº 634 ; Bourges, 22 décembre 1828. Sir., 29.2.127 ; Riom, 6 décembre 1830, Dall., 33.2.231. Sir., 33.2.540 ; Req.. 20 juillet 1830, Dall., 30.1.375 ; Delzers, Proc., II. p. 224 ; Boncenne, III. p. 416 ; Carré et Chauveau, II. quest. 771 bis, § 4.

recours contre la compagnie et lui réclame le paiement de l'indemnité stipulée. La compagnie actionnée, de son côté, appelle en cause le locataire responsable de l'incendie en vertu de l'article 1733 du Code civil. Il est pourtant manifeste que cette action incidente n'a pas le caractère d'une demande en garantie. Aussi les tribunaux n'hésitent pas à se déclarer incompétents sur cette prétendue action récursoire, chaque fois que le tiers ainsi mis en cause le leur demande. Les deux actions, en effet, procèdent de deux causes différentes et sont l'une et l'autre directes et principales. L'action du propriétaire contre la compagnie dérive du contrat d'assurance ; l'action de la compagnie, cessionnaire des droits de l'assuré contre le locataire, a une tout autre origine ; elle naît du contrat de bail et est sans connexité avec l'action principale. Le locataire est donc fondé à opposer l'incompétence, car une telle demande a pour effet de le distraire de ses juges naturels (1).

Il en est encore de même dans l'espèce suivante. Un individu contracte avec une compagnie une assurance sur la vie, dont le capital est payable lors de son décès à sa veuve. Il meurt et la bénéficiaire de l'assurance, éprouvant des résistances de la part de la compagnie pour le paiement de la somme assurée, transporte sa créance à une tierce personne. Celle-ci, se voyant opposer le même refus, au lieu de chercher à contraindre au paiement la compagnie d'assurances, se retourne contre son cédant et l'assigne en justice. Le cédant à son tour cite en garantie devant le même tribunal la dite compagnie et lui demande d'intervenir et de prendre son fait et cause dans l'instance engagée.

(1) M. Glasson sur Boitard et Colmet-Daâge, I, n° 390 ; Rouen, 27 novembre 1885, Sir., 86:2.151.

La compagnie d'assurances est en droit de solliciter son renvoi de la cause ; elle n'est, en effet, à aucun titre garante de la créance cédée ; les deux actions naissent de deux obligations distinctes et sont toutes deux principales. Il n'y a donc pas lieu non plus, dans cette hypothèse, d'appliquer les principes de la compétence spéciale en matière de garantie incidente (1).

La jurisprudence s'efforce à cet égard de préciser les caractères de l'action incidente en garantie, toutes les fois qu'elle est appelée à se prononcer sur la question. Mais à côté de la garantie proprement dite, telle que nous l'avons définie, nous trouvons dans de nombreuses décisions judiciaires la qualification de garantie donnée, dans le sens le plus large du mot, à l'obligation où une personne se trouve « d'indemniser autrui du préjudice qu'il a souffert et dont elle est cause ». C'est ainsi qu'il est de jurisprudence constante que la partie, qui se voit opposer la nullité d'un acte d'officier ministériel, peut appeler en cause cet officier ministériel et faire statuer par le tribunal de la demande originaire sur les dommages-intérêts que celui-ci lui doit par suite de la faute commise dans l'exercice de ses fonctions. C'est là, selon nous, confondre une action plus générale, l'action en responsabilité, avec l'action incidente en garantie. Mais cette solution, malgré son inexactitude certaine, offre tant d'avantages pour la partie qui exerce ce recours sous le rapport de la rapidité de la procédure, de l'économie des frais et si peu d'inconvénients pour le demandeur originaire, qu'elle n'est plus contestée sérieusement. Devrait-on cependant appliquer à l'hypothèse dont il s'agit toutes les dispositions du Code de procédure concernant la matière de la garantie

______

(1) Cass. Req., 10 novembre 1884, Dall., 85.1.461. Conf. Pau, 29 décembre 1857, Dall., 58.2.141.

incidente, notamment celles sur les délais pour former le recours, l'exception dilatoire et le sursis qui peut en résulter ? Les auteurs n'ont pas examiné cette question et aucun arrêt n'a eu à la résoudre, mais les tribunaux paraissent cependant portés à se prononcer dans le sens de l'affirmative, en raison des avantages incontestables que présentent ces dispositions et des précautions prises par le Code de procédure pour prévenir les abus (1).

N'y aurait-il pas cependant un autre motif pour ne pas soumettre l'action récursoire, dirigée contre certains de ces officiers ministériels, à la règle de compétence de l'article 181. Les huissiers et les notaires jouissent en effet du privilège d'une juridiction spéciale pour les demandes en dommages-intérêts formées contre eux à raison d'un préjudice causé dans l'exercice de leurs fonctions. L'article 73 du décret du 14 juin 1813 pour les huissiers et l'article 53 de la loi du 25 ventôse an XI pour les notaires disposent à peu près dans les mêmes termes que toute condamnation de ces officiers ministériels à des dommages-intérêts, pour des faits relatifs à leurs fonctions, sera prononcée par le tribunal *du lieu de leur résidence*. Faut-il en conclure que ces articles modifient la règle générale de l'article 181, ou bien doit-on seulement ne les déclarer applicables que dans le cas particulier où l'huissier ou le notaire est actionné directement et par voie principale en réparation de la faute qui lui est imputable ? A l'appui de la première interprétation, les auteurs font valoir des considérations d'une certaine valeur. Le législateur, disent-ils, a voulu soumettre, d'une ma-

(1) V. notamment : Douai, 9 janvier 1834 et 7 août 1855, Dall., 56.2.97 ; Civ. rej., 7 novembre 1849, Dall., 49.1.284 ; Trib. de Boulogne, 25 décembre 1860, Dall., 61.3.47 ; Angers, 10 décembre 1869, Dall., 70.2.82 ; Civ. rej., 23 juillet 1872, Dall., 73.1.69. V. aussi Rennes, 30 juin 1890, Dall., 92.2.308.

nière générale, la conduite et les actes de ces officiers ministériels à l'examen du tribunal près duquel ils exercent leurs fonctions, parce que c'est celui qui est le mieux à portée de connaître et d'apprécier les faits qui leur sont reprochés. Il y aurait en outre de très graves inconvénients à permettre d'appeler en garantie ces officiers ministériels incidemment à une demande principale, car les actions en responsabilité dirigées contre eux sont assez fréquentes et il pourrait par suite arriver qu'un huissier ou un notaire fût, le même jour, assigné en garantie sur plusieurs points de la France, très éloignés du lieu où il exerce, au détriment même des intérêts de ses clients et du service des tribunaux. Les dispositions spéciales de la loi du 25 ventôse an XI et du décret du 14 juin 1813 sont donc fondées sur des considérations d'ordre public et écartent par suite l'application des règles de compétence posées pour la garantie incidente. Nous estimons que c'est à cette solution qu'il faut s'arrêter. Si, en effet, les articles de la loi de l'an XI et du décret de 1813 ne devaient pas être entendus comme dérogeant à l'attribution spéciale de compétence en matière d'action récursoire en garantie, ils n'auraient presque jamais d'application et ne présenteraient aucun intérêt pratique, puisque les principes généraux suffisaient à eux seuls pour régler la compétence et pour attribuer juridiction au tribunal du domicile du défendeur, c'est-à-dire au tribunal dans le ressort duquel le notaire ou l'huissier inculpé exerce ses fonctions.

Sans doute, il en résultera parfois des contrariétés de décisions judiciaires que l'appel incident en garantie a précisément pour but d'éviter. Il pourra parfaitement arriver, par exemple, que le tribunal de la résidence d'un notaire, saisi par un légataire d'une demande en dommages-intérêts à raison de la nullité d'un testament prononcée par un autre tribunal, déclare, après avoir examiné de son côté le moyen de nullité, que le testament n'est pas vicié et que par suite les dommages-intérêts réclamés ne sont pas dus. C'est là évidemment une conséquence regrettable de la séparation des deux actions, mais on doit reconnaître qu'elle se produira assez rarement. Aussi la doctrine et la jurisprudence sont-elles d'accord, en présence des textes formels que nous venons de citer, pour admettre la compétence unique et absolue du tribunal du lieu de la résidence de l'huissier ou du notaire pour les actions en responsabilité civile qui peuvent être exercées contre ces officiers ministériels (1). — La même solution ne saurait être donnée pour les avoués. On a quelquefois cherché à le soutenir, en tirant argument des dispositions de l'arrêté consulaire du 13 frimaire an IX qui a institué les chambres des avoués. Cet arrêté investit bien les chambres des avoués d'une mission de conciliation relativement aux plaintes et réclamations des tiers contre les avoués à raison de leurs fonctions (art. 2), mais ne contient aucune clause modifiant les principes de compétence quant aux demandes incidentes en garantie qui seraient formées contre ces mêmes officiers ministériels. Les avoués appelés en garantie sont donc tenus de procéder devant le tribunal saisi de la demande originaire, lors même que ce tribunal ne serait pas celui auquel ils sont attachés (2).

La jurisprudence qui considère, comme nous venons de le voir, l'action en responsabilité, dirigée contre un

____

(1) Civ. Cass., 16 mai 1816, Dall., v° *Compét. com.*, n° 343 ; Bordeaux, 27 juin 1839, Sir., 39.2.495, Dall., 40.2.69 ; Chauveau sur Carré, II, quest. 771 *bis* § 4 ; Boncenne, III, p. 403 et suiv. ; Pagès, *De la respons. des notaires*, p. 232 ; Delzers, II, p. 221. — *Contrà* : Joccoton, *Rev. de dr. franç.*, 1849, p. 901 ; Cass., 2 mars 1846, Sir., 46.1.215, Dall., 46.1.193.

(2) Angers, 10 décembre 1869, Sir., 70.2.243, Dall., 70.2.82 ; Cass., 23 juillet 1872, Sir., 72.1.293, Dall., 73.1.69 ; Rodière, I, p. 101.

officier public, comme une action en garantie proprement dite, se refuse à reconnaître le même caractère à l'action récursoire dérivant d'un contrat d'assurances. Les assurances se développent de jour en jour et donnent lieu à de fréquents recours en matière civile comme en matière commerciale. Une personne est assignée en responsabilité à raison de faits en vue desquels elle a contracté une assurance, peut-elle appeler en cause l'assureur, pour qu'il la défende ou l'indemnise du préjudice qui la menace ? La question peut s'élever à propos de toutes les assurances, spécialement des assurances maritimes et des assurances contre les accidents. Ainsi le propriétaire d'un navire abordeur, actionné comme responsable de la faute de son capitaine par le propriétaire de l'autre navire, met en cause devant le tribunal, où il doit comparaître, la compagnie qui l'a assuré contre le recours des tiers. De même le patron poursuivi par un de ses ouvriers, victime d'un accident au cours de son travail, exerce incidemment à l'instance principale son action contre la compagnie qui s'est engagée à le garantir contre les risques d'accidents dont il serait déclaré civilement responsable. La jurisprudence, disions-nous, décide que le tribunal saisi de la poursuite en réparation du dommage, qui fait l'objet d'une assurance, ne peut connaître du recours intenté contre l'assureur . Toutes les décisions judiciaires invoquent comme argument que si les deux actions, appartenant l'une à un tiers contre l'assuré, l'autre à l'assuré contre la compagnie d'assurances, sont exercées à l'occasion d'un même fait qui est leur cause commune, elles dérivent en droit de deux obligations distinctes, sans connexité entre elles : l'obligation de la personne responsable vis-à-vis du tiers procède d'un quasi-délit (art. 1382, C. civ.) et l'obligation de l'assureur vis-à-vis de l'assuré naît d'un contrat ; toutes deux sont directes et principales et aucune ne saurait être considérée comme l'accessoire et la dépendance de l'autre (1).

Nous pensons cependant, contrairement à la jurisprudence qui paraît définitivement établie sur ce point, qu'en matière d'assurance on se trouve bien dans un cas de garantie conventionnelle. L'assureur s'est engagé en effet à prendre la défense de l'assuré contre un préjudice dont il est menacé, ou à l'en indemniser, s'il est déjà réalisé. Toutes les raisons qui justifient la compétence spéciale édictée par l'article 181 et qui ont amené dans d'autres circonstances la jurisprudence à s'écarter de la notion véritable de la garantie, s'appliquent avec la même force à l'hypothèse du recours de l'assuré contre son assureur. L'action découlant d'un contrat d'assurances revêt donc bien les caractères d'une action en garantie et peut être portée à ce titre par l'assuré devant le tribunal où il a été cité. L'assureur ne pourrait même pas décliner la compétence du tribunal où la contestation originaire est pendante, en excipant d'une clause spéciale de la police d'assurances attributive de juridiction aux tribunaux du siège social pour toutes les actions susceptibles d'être exercées contre lui. Une telle attribution de juridiction, faite dans un contrat, ne saurait modifier le principe de l'article 181, l'intention des parties ayant été très certainement de

_____

(1) Conf. Cass., 21 janvier 1863, Sir., 63.1.67, Dall., 63.1.46 ; Civ. Cass., 24 janvier 1865, Dall., 65.1.72 ; Nimes, 11 février 1880, Sir., 80.2.67, Dall., 80.2.148 ; Rouen, 4 mai 1880, Dall., 81.2.121 ; Cass., 3 janvier 1882, Sir., 82.1.120 ; Civ. rej., 16 août 1882, Dall., 83.1.120 ; Cass., 10 novembre 1884, Sir.. 88.1.32 ; Limoges, 11 novembre 1884, Sir., 85.1.182. Dans le même sens : Cass. civ., 25 juin 1860, Dall., 60.1.283 ; Orléans, 1er février 1889, Dall., 90.2.222 ; Trib. civ. de la Seine, 18 mars 1891, *Droit*, 2 avril 1891.

déroger seulement aux règles ordinaires de la compétence (1).

Les tribunaux admettent d'ailleurs eux-mêmes cet appel en cause, lorsqu'une clause, insérée par les parties dans la police d'assurances, soumet expressément l'assureur à l'obligation de suivre et de diriger au nom de l'assuré les procès qui seraient intentés contre ce dernier à raison des risques garantis par l'assurance (2).

L'alinéa final de l'article 181 indique une dernière exception au principe de compétence en matière de garantie incidente. Il est ainsi conçu : « ... mais s'il paraît par écrit, ou par l'évidence du fait, que la demande originaire n'a été formée que pour les traduire hors de leur tribunal, ils y seront renvoyés ». Le législateur suppose que la demande principale a été imaginée frauduleusement dans le but de distraire le garant de ses juges naturels. Nous ne pouvons mieux faire que de rappeler l'exemple traditionnel emprunté aux questions de Rodier. Une créance a été cédée et le cédant et le débiteur cédé ne sont pas justiciables du même tribunal. A l'échéance, le cessionnaire, prétendant qu'il n'a pas trouvé le débiteur cédé, ou que celui-ci refuse d'acquitter sa dette, se retourne contre le cédant et l'assigne en indemnité devant le tribunal de son domicile ; le cédant ainsi actionné met de son côté en cause le débiteur cédé et lui demande de venir le défendre contre les poursuites que son prétendu refus de payer a fait naître. La marche, suivie par les

____

(1) En ce sens : Cass., 10 août 1864, Sir.. 64.1.459, Dall., 65.1.62 ; Cass., 14 novembre 1865, Sir., 66.1.27, Dall., 66.1.106 ; Cass., 22 décembre 1869, Sir., 70.1.202, Dall., 70.1.55 : Rouen, 24 novembre 1875, Dall., 78.2.114 ; Trib. com. Marseille, 11 juin 1889, *Rec. de Marseille*, 1889. 1.248 : Lyon, 5 juillet 1882, *Gazette du Palais*, 83.2.40, 2e partie.

(2) Dijon, 2 juillet 1885, Dall., 86.2.256 ; Conf. Douai, 5 mars 1888, Dall., 89.2.295 ; Toulouse, 3 mai 1888. Dall., 89.2.295.

parties, dénote bien l'existence d'une collusion entre elles, pour obliger le débiteur à plaider devant le tribunal du cédant ; la procédure régulière eût été en effet de poursuivre en paiement le débiteur cédé devant le tribunal de son domicile et d'appeler dans cette instance le cédant qui doit garantir au cessionnaire l'existence de la créance cédée (art. 1693, C. civ.). Le débiteur cédé est admis à prouver, dans cette espèce par l'évidence du fait, que le débat principal n'a été soulevé que pour l'amener devant un tribunal autre que celui de son domicile ; il pourrait aussi faire cette preuve par écrit, s'il avait entre les mains des lettres révélant la fraude. Les juges ont d'ailleurs un pouvoir discrétionnaire pour reconnaître l'existence de la collusion et leur appréciation des circonstances de la cause ne donne pas ouverture à un pourvoi en cassation (1). Le débiteur cédé oppose en conséquence l'incompétence du tribunal et se fait renvoyer devant les juges de son domicile (2). Le tribunal, devant lequel il a été traduit, ne doit pas prononcer le renvoi d'office ; il ne s'agit, en effet, que d'une incompétence *ratione personæ* qui peut se couvrir par le consentement des plaideurs ; le renvoi ne peut être ordonné que si la partie intéressée le requiert (3).

---

(1) Req., 12 juillet 1814, Dall., vᵒ *Compét. comm.*, nᵒ 438 ; Req., 16 novembre 1826, Dall., 27.1.48 et *Rép.*, vᵒ *Exceptions*, nᵒ 403 ; Req., 17 décembre 1856, Dall., 57.1.167, Sir., 57.1.831.

(2) Trib. de la Seine, 26 décembre 1855, *J. des trib. de comm.*, V, p. 101 ; Cass., 27 février 1854, Sir., 54.1.538, Dall., 54.1.98 ; Cass., 17 décembre 1856 précité ; Angers, 10 décembre 1869, Sir., 70.2.243, Dall., 70.2.82 ; Cass., 22 décembre 1869, Sir., 70.1.202, Dall., 70.1.55 ; Dijon, 25 janvier 1872, Dall., 73.2.99.

(3) Boitard, Colmet-Dááge et Glasson, I, nᵒ 391 ; Dalloz, *Rép.*, vᵒ *Exceptions*, nᵒ 402 ; Delzers, II, p, 231. V. toutefois Chauveau sur Carré. II, quest. 774.

SECTION III. — Intervention du garant et jonction des deux demandes.

La demande incidente en garantie a été formée, le garant est tenu de comparaître dans les délais de l'ajournement qui lui a été signifié. Au jour fixé, s'il comparaît, le tribunal rend un jugement préparatoire *de jonction*, par lequel il joint les deux instances, la demande originaire et la demande en garantie. Le garant est désormais partie au débat, comme le demandeur et le défendeur primitifs, et au même titre qu'eux « soumis aux mêmes obligations, exposé aux mêmes déchéances, mais aussi investi des mêmes droits (1) ». C'est en effet sur le garant que doivent retomber, en définitive, les condamnations qui pourront être prononcées contre le garanti. Aussi ne serait-il pas équitable d'entraver sa défense et de lui refuser la faculté d'exercer des moyens de fond ou de forme pouvant amener le rejet de la demande principale (2). Nous déciderons donc que le garant est en droit d'invoquer tous les moyens de défense que le garanti a négligé de faire valoir et, notamment, d'opposer l'exception d'incompétence *ratione personæ* déjà couverte par l'adhésion du garanti. Cette solution est contestée par la plupart des auteurs (3). Selon eux, le garant est sans doute fondé à décliner la compétence du tribunal, lorsque celui-ci est

(1) Garsonnet, II, § 390, p. 705.

(2) La question se posera très rarement pour les défenses au fond puisque l'exception de garantie doit être opposée *in limine litis* et que l'instance principale est en même temps suspendue aussitôt.

(3) Carré et Chauveau, II, quest. 774 *bis* ; Rodière, I, p. 343 ; Dalloz, *Rép.*, vº *Exceptions*, nº 120 et supplément, vº *Compét. civ. des trib. d'arr.*, nº 95. V. dans notre sens : Delzers, II, p. 232 ; Bioche, *Dict. de proc.*, vº *Garantie*, nº 85 ; Pigeau, I, p. 405 ; Garsonnet, *op.* et *loc. cit.*

incompétent *ratione materiæ*, cette incompétence touchant à l'ordre public, mais le même droit ne saurait lui être accordé quand l'incompétence est seulement relative et que le garanti a accepté la juridiction du tribunal saisi. Le Code de procédure ne dit pas en effet que le garant doit procéder devant le tribunal où la demande originaire a été régulièrement portée ; il parle du tribunal où la demande originaire est pendante. Ce tribunal a d'ailleurs cessé d'être incompétent par le fait même du consentement du garanti à venir plaider devant lui. Au surplus, les intérêts du garant ne sont pas compromis par cette interprétation de l'article 181, puisque celui-ci reste toujours protégé par la disposition finale du même article contre toute collusion qui tendrait à le distraire de ses juges naturels.

Cette opinion doit être repoussée. L'article 181, en décidant que la personne appelée en garantie est tenue de procéder devant le tribunal saisi de la demande originaire, suppose que l'instance a été portée devant le tribunal compétent. On dit, il est vrai, que ce tribunal est devenu compétent par la renonciation du garanti ; il l'est devenu sans aucun doute vis-à-vis de ce dernier, mais toute la question est de savoir si cette renonciation est opposable au garant, si elle peut le priver du droit de réclamer la juridiction sur laquelle il a dû naturellement compter, eu égard au domicile des parties principales et à la nature du débat. Nous ne le pensons pas, car depuis la jonction de la demande originaire et de la demande en garantie, il n'y a plus deux procédures distinctes ayant chacune un demandeur et un défendeur, mais une seule instance complexe et liée avec deux défendeurs et devant se terminer par le même jugement ; par suite, dans notre hypothèse, le garant n'est pas plus engagé « par l'acquiescement du

garanti qu'un défendeur ne le serait par celui de son codé-
fendeur ». Nous autoriserions, pour la même raison, le garant à proposer l'exception de nullité de l'exploit de la
demande originaire, même si elle se trouvait déjà couverte
par le silence du garanti.

Nous devons toutefois faire remarquer que la jurisprudence paraît absolument hostile à ces solutions ; elle s'est
prononcée une seule fois dans le sens que nous propo-
sons (1), mais l'arrêt en notre faveur est bien ancien et
les décisions judiciaires les plus récentes sont toutes rendues en sens contraire (2).

Le garant peut avoir également à invoquer des moyens
de défense personnels : il conteste, par exemple, sa qualité de garant, prétendant être donateur ou avoir vendu
aux risques et périls de l'acheteur, ou bien encore il oppose la nullité de l'assignation qui lui a été signifiée.
Nous avons vu que c'est le tribunal saisi de la demande
originaire qui est appelé à connaître de tous ces incidents
élevés par le garant. Lorsque la demande en garantie est,
suivant l'expression de Rodier, *multis ambagibus inno-
data*, se trouve compliquée d'enquêtes, de vérifications et
soulève des difficultés graves, il peut en résulter d'assez
longs retards pour l'instruction de la contestation principale. Le demandeur originaire ne doit pas souffrir de cet
état de choses. Aussi lui permet-on, lorsque l'instance en
garantie n'est pas en état d'être jugée en même temps que
l'instance primitive, de demander la disjonction des deux
causes, si elles ont été jointes, et de faire statuer séparé-

______

(1) Cass., 4 octobre 1808, Sir., 9. 1. 28.

(2) Civ. cass., 1er mars 1824, Dalloz, v° *Chose jugée*, n° 248 ; Req.,
14 février 1823, Dall., v° *Exceptions*, n° 261 ; Req., 3 mai 1843, *Journ.
du Palais*, 43.1.751, Sir., 43.1.485 ; Req., 16 novembre 1881, Dall., 82.1.
121. V. encore anal., Req., 15 février 1882. Dall., 82. 1. 401.

ment sur sa demande (1). Le tribunal prononce cette disjonction à sa requête, sauf à faire droit ultérieurement, s'il y échet, à la demande en garantie (art. 184, C. pr.). Le tribunal ne devrait pas ordonner cette disjonction d'office ; l'expression de l'article 184 « le demandeur *pourra* » montre bien qu'il s'agit là d'une mesure dans l'intérêt exclusif de cette partie et qui ne tient en rien à l'ordre public (2).

Ce cas de disjonction ne doit pas être confondu avec celui où la demande en garantie est déclarée non recevable. Dans cette dernière hypothèse, ce serait au tribunal du domicile du garant à connaître, s'il y a lieu, de la demande en garantie principale. Au cas de disjonction, au contraire, le tribunal n'est pas dessaisi du droit d'instruire le recours en garantie. Cette demande incidente a été dans son principe valablement portée devant lui et, par la disjonction, le tribunal se réserve seulement la faculté de prononcer séparément sur cette demande. La plupart (3) des avantages de la procédure incidente subsistent donc et notamment le garanti n'a pas à craindre de se voir opposer qu'il s'est mal défendu (art. 1640 et 2031, C. civ.) (4). Notons enfin que l'instruction et le jugement de la demande principale ne sauraient être non plus différés par le décès

---

(1) Mais dans ce cas seulement ; le tribunal n'a pas le droit de disjoindre ces deux demandes, lorsqu'elles sont en état de recevoir une solution en même temps. Civ. rej., 27 décembre 1882, Dall., 83.1.343.

(2) Carré et Chauveau, II, quest. 779 ; Boncenne, III, p. 385 et note.— *Contrà* : Bioche, v° *Exceptions*, n° 124 ; Rodier, tit. VIII, art. 13, quest. 3me ; Berriat St-Prix, I, p. 262, note 66 Favard de Langlade, II, p. 467 ; Rodière, I, p. 348.

(3) Nous disons la plupart des avantages, car il y aura deux jugements, bien que les deux demandes soient instruites par le même tribunal.

(4) Boitard, Colmet-Dáàge et Glasson, I, n° 403 ; Req., 29 août 1821, Dall., v° *Exceptions*, n° 453.

du garant ou de son avoué, ni par la destitution, l'interdiction ou la démission de celui-ci (1).

Nous avons supposé jusqu'ici que le garant, mis en cause dans les délais prescrits, répondait à l'assignation qui lui avait été donnée, mais si, au contraire, il ne comparaissait pas, comment faudrait-il procéder ? On s'est demandé, si l'on ne devait pas dans cette hypothèse appliquer l'article 153 du Code de procédure, c'est-à-dire donner défaut contre le garant qui n'a pas comparu et joindre le profit du défaut à l'instance principale, dont le jugement est différé pour permettre de réassigner le garant. Si, sur cette seconde assignation, le garant ne comparaissait pas, il serait alors statué par un seul et même jugement, lequel serait réputé contradictoire et par conséquent ne serait pas susceptible d'opposition. Le garant, dit-on en faveur de ce système, est un second défendeur dans la contestation primitive, dès qu'il a été appelé en temps utile. Cette opinion est aujourd'hui complètement abandonnée. Les auteurs estiment à bon droit que l'article 153 n'est pas applicable à cette hypothèse. Cet article n'a en vue que le cas où plusieurs défendeurs ont été assignés dans la même instance et par le même demandeur. Or le garant n'a pas été assigné par le demandeur originaire, mais par le défendeur ; en outre, la demande principale et la demande en garantie sont en ce moment distinctes, puisqu'elles n'ont pas encore été jointes, et quand bien même elles l'auraien été, le garant ayant comparu mais son avoué ne voulan pas conclure, le demandeur principal ne saurait être contraint à souffrir les nouveaux délais que la réassignation du garant entraînerait. Il peut toujours obtenir la disjonc-

____

(1) Cass., 27 juin 1810, Sir., 10.1.380 ; Carré et Chauveau, II, quest. 780 ; Favard de Langlade, II, p. 467 ; Thomine-Desmazures, I, art. 184, n° 210.

tion des deux instances, dès qu'il justifie que le recours en garantie va retarder la décision sur sa propre demande (art. 184). Il n'y a donc pas lieu de prononcer un jugement de défaut profit-joint ; le demandeur principal poursuivra sur sa demande et le défendeur originaire obtiendra de son côté défaut contre son garant (1).

(1) Poitiers, 30 juin 1835, Dall., 35.2.130 ; Toulouse, 10 août 1842, Sir., 47.2.645, Dall., 52.2.192 ; Bastia, 11 février 1859, Sir., 59.2.252 ; Nancy, 18 mai 1872, Dall., 73.2.103 ; Carré et Chauveau, II, quest. 769 et 621 *sexto*; Thomine-Desmazures, I, art. 184, n° 218-1° ; Boncenne, III, p. 388 et suiv.; Lepage, *Quest. sur le Cod. de proc.*, quest. 1re, p. 165. — *Contrà* : Poitiers, 4 mars 1828, Sir., 28.2.138, Dall., 35.2.130 ; Rennes, 9 juillet 1851, Dall., 52.2.191 ; Limoges. 16 février 1852, Dall., *ibid*.

CHAPITRE II

Revenons maintenant à l'hypothèse normale où le garant a comparu. Sa cause a été jointe à l'instance principale. Quelle part va-t-il prendre dans cette contestation ? Quel rôle va-t-il y jouer ? Ce rôle varie et cette part est plus ou moins importante suivant la nature de la garantie, nature déterminée elle-même par le caractère de l'action principale.

Nous rencontrons ici une distinction essentielle entre les deux espèces de garantie : la garantie simple et la garantie formelle. La première suppose une action principale personnelle, la seconde une action principale réelle.

La garantie simple est la garantie qui est exercée par un défendeur inquiété par une action personnelle. Tel est le recours dirigé par la caution poursuivie par le créancier contre le débiteur principal, ou par le débiteur solidaire contre son codébiteur. Dans ce cas, le garanti est obligé directement et personnellement envers le demandeur originaire.

La garantie formelle est celle qu'un défendeur exerce à la suite d'une action réelle intentée contre lui. Est formelle la garantie exercée par l'acheteur d'un immeuble, troublé dans sa possession, contre le vendeur dont il tient ses droits. L'expression formelle vient de ce que, suivant la nature même du contrat passé par les parties, le vendeur et, d'une façon plus générale, tout aliénateur à titre onéreux est *formellement* tenu à garantie (1). Ici le défendeur principal n'a pas personnellement contracté avec le demandeur originaire ; il n'est point son débiteur. C'est uniquement parce que l'immeuble revendiqué, ou à l'occasion duquel s'engage le litige, se trouve entre ses mains qu'il est poursuivi. Le tiers, qui s'en prétend propriétaire, ou qui réclame sur cet immeuble, soit l'exercice d'un droit de servitude, soit d'un droit d'usufruit, soit d'un droit hypothécaire, doit de toute nécessité s'adresser au détenteur. Lui seul peut être condamné au délaissement de l'immeuble, s'il est établi que le tiers revendiquant en est propriétaire, ou à subir l'exercice de la servitude ou du droit d'usufruit réclamé sur le même immeuble. Sous ce rapport, une différence fondamentale sépare donc la garantie simple de la garantie formelle. Aussi le rôle du garant varie-t-il suivant qu'il s'agit de l'une ou de l'autre garantie, comme nous allons le voir en envisageant successivement les deux espèces de garantie.

SECTION I. — **Garantie simple.**

Dans la garantie simple, le défendeur originaire est une personne engagée pour autrui, qui doit être remboursée des avances qu'elle se trouve obligée de faire ou, d'une façon plus générale, indemnisée de tout préjudice qu'elle éprouve à l'occasion de la dette. Ainsi la caution, poursuivie par le créancier, appelle en garantie le débiteur principal : le débiteur solidaire, assigné en paiement, met en cause son codébiteur. De même encore, le cessionnaire

---

(1) Boncenne, III, p. 374.

d'une créance, qui est actionné en nullité de la cession ou en répétition d'un paiement déjà fait par le débiteur cédé, appelle en garantie son cédant (1). Le défendeur est poursuivi, parce qu'il s'est engagé, parce qu'il doit personnellement. De ce qu'il lui est permis de faire intervenir son garant dans l'instance, il n'en reste pas moins personnellement obligé envers le demandeur et ne peut se soustraire à l'exécution de son obligation en mettant de son propre chef un autre défendeur à sa place. Aussi est-il tenu de répondre personnellement à l'action intentée contre lui et l'article 183 dispose qu'en « garantie simple, le garant pourra seulement intervenir, sans prendre le fait et cause du garanti ». On eût privé, ainsi que l'observe Berriat-St-Prix (2), le demandeur principal « d'une partie de l'effet de son action, s'il avait été permis au garant de prendre le fait et cause du garanti ». Le garanti, défendeur à la demande primitive, doit donc demeurer partie au débat et le garant, qui intervient, n'est dans ce cas qu'un autre défendeur. *Persona adjungitur tantum personæ, non eximitur, nec qualitates mutantur litis*, disait Thévencau (*Commentaire sur les Ordonnances*, liv. III, tit. VI, art. 2). Le garant surveille l'instance principale et propose les moyens que le défendeur originaire négligerait de faire valoir, mais il ne peut prendre le fait et cause de celui-ci. Le garanti retire néanmoins un avantage appréciable de l'intervention de son garant : c'est de dégager complètement sa responsabilité dans la conduite de l'affaire ; le garant ne peut plus désormais lui opposer l'article 2031 du Code civil.

Si la prétention du demandeur originaire est reconnue fondée et que le recours en garantie soit justifié, le tri-

(1) *Contrà* : Joccoton, *Rev. de dr. franç.*, 1849, p.9 40.
(2) T. I, p. 261, note 64.

bunal rend un jugement unique qui condamne le garanti envers le demandeur principal et le garant envers le garanti. Par exemple, le tribunal condamne en même temps la caution poursuivie à payer le créancier et, la dette une fois acquittée, le débiteur principal mis en cause à rembourser la caution.

La garantie simple n'offre aucune difficulté, il n'en est pas de même de la garantie formelle, à laquelle nous arrivons maintenant.

SECTION II. — **Garantie formelle.**

En matière de garantie formelle, il s'agit du possesseur d'un immeuble (1), poursuivi en justice par un tiers, qui appelle à sa défense celui de qui il tient ses droits. C'est un acheteur ou un copartageant qui est assigné en revendication de l'immeuble qui lui a été vendu ou attribué en partage et qui fait intervenir dans l'instance son vendeur ou ses copartageants. De même encore le locataire, troublé dans sa jouissance par un tiers qui prétend être propriétaire de l'immeuble loué, appelle son bailleur en garantie. Le défendeur n'a contracté aucun engagement avec le tiers revendiquant, il n'est actionné que comme détenteur de l'immeuble dont la propriété est contestée. L'action du demandeur principal s'adresse en effet plutôt à la chose qu'il revendique qu'à l'assigné qu'il interpelle uniquement à raison de sa possession. La personne du défendeur importe donc peu au réclamant, du moment que l'immeuble se trouve avoir un représentant contre lequel

(1) Ou même du possesseur d'un meuble, dans les cas exceptionnels où la revendication des meubles est admise. Nous laissons de côté cette hypothèse, pour ne pas compliquer les développements sur la garantie formelle.

il peut poursuivre l'exercice de ses droits. *Res non persona convenitur*. La demande reste toujours la même, quel que soit l'adversaire sur la question de propriété. Aussi le garanti a-t-il, dans ce cas, la faculté de se substituer dans le débat son auteur (1), qui est peut-être armé de moyens qu'il ignore pour repousser la prétention du demandeur, si elle n'est pas fondée, car les tiers ne sauraient se prévaloir de la convention qui est intervenue entre eux et a fait passer l'immeuble dans les mains du garanti. L'article 182 du Code de procédure consacre cette faculté en ces termes : « En garantie formelle, pour les matières réelles ou hypothécaires (2), le garant pourra toujours prendre le fait et cause du garanti, qui sera mis hors de cause, s'il le requiert avant le premier jugement.» De là cette différence fondamentale et caractéristique qui sépare les deux espèces de garantie. Dans la garantie simple, comme nous l'avons vu, le garant ne peut qu'intervenir et le défendeur originaire doit rester en cause, car il est lui-même obligé envers le demandeur principal. Dans la garantie formelle au contraire, le garant est autorisé à prendre le fait et cause du garanti, c'est-à-dire à se charger de la défense dans la contestation principale, à la place du garanti qui se trouve relégué au second plan. Mais ce n'est là qu'une faculté pour le garant, ainsi que cela résulte des termes de l'article 182 « pourra toujours ». Il peut donc arriver parfois que le garant ne prenne pas le fait et cause du garanti. Nous examinerons successivement les deux hypothèses.

---

(1) « Quiconque, dit Beaumanoir (chap. XXXIV, n° 45), treuve son garant et connaissant, le pot amener à jor, il est délivrés de ce quoi on le porsuit. »

(2) Ces mots « ou hypothécaires » sont inutiles, puisque l'action hypothécaire est une action réelle ; ils ont été mal à propos empruntés à l'article 9 du tit. VIII de l'Ordonnance d'avril 1667.

I. — Le garant ne prend pas le fait et cause du garanti.

Le garant a répondu à l'appel du garanti, mais n'a pas déclaré cependant prendre son fait et cause et le garanti de son côté ne le lui a pas demandé. Dans ces conditions, l'instance principale suit son cours et la question de propriété est débattue uniquement entre le demandeur et le défendeur primitifs, entre le revendiquant et le garanti. Le garant surveille bien le procès, propose les moyens de défense omis par le garanti par suite d'un oubli ou d'une collusion avec le demandeur originaire, mais il ne peut pas prendre une part directe à la contestation principale, il ne peut pas y jouer le rôle principal. Et si les droits réclamés par le demandeur sont justifiés, s'il est démontré qu'il est propriétaire de l'immeuble, c'est le défendeur originaire, le garanti, que le jugement condamne envers le demandeur primitif et le même jugement condamne ensuite le garant envers le garanti aux dommages-intérêts qui peuvent être dus suivant le droit commun.

II. — Le garant prend le fait et cause du garanti.

Le garant, appelé dans l'instance par le défendeur originaire, prend le fait et cause de ce dernier. Prendre son fait et cause, « cela veut dire s'emparer du principal rôle, diriger la défense, mais aussi s'exposer au jugement qui sera rendu contre lui (1) ». Le garant peut en effet craindre que le garanti ne se défende pas d'une manière satisfaisante ; aussi préférera-t-il généralement prendre ce parti et devenir l'adversaire et le contradicteur direct du demandeur originaire, car, en définitive, il est le principal et le véritable intéressé au succès de l'affaire et c'est sur lui que retombera, en dernier résultat, tout le poids

(1) Garsonnet, II, § 391, p. 709.

de la condamnation qui pourra être prononcée au profit du revendiquant. Mais le garanti ne devient pas par cette prise de fait et cause, par cette substitution du garant étranger à l'instance, tiers à la contestation. Il continue, au contraire, à demeurer partie en cause, mais représenté par le garant. La disposition de l'article 185 le prouve d'une manière péremptoire, puisqu'elle déclare le jugement rendu contre le garant formel exécutoire contre le garanti. Le garant représente donc le garanti, même comme nous le verrons, quand ce dernier a été mis hors de cause et ce qui est jugé contre l'un est jugé contre l'autre ; « de telle sorte qu'on se trouve, à proprement parler, dans un cas où la loi admet une dérogation à la règle suivant laquelle il est interdit de plaider par procureur; le garant est en effet l'auteur du garanti, et à ce titre le représente (1). »

Les termes de l'article 182, avons-nous dit, annoncent que cette prise de fait et cause est facultative de la part du garant. « *Le garant pourra toujours prendre le fait et cause du garanti.* » Certains auteurs en ont conclu que le garant a le droit de se substituer au garanti dans tous les cas, même si celui-ci ne le lui demande pas et s'y oppose et ils invoquent, à l'appui de leur solution, les motifs que nous venons d'indiquer comme devant déterminer le plus souvent le garant à se charger du soin de la défense. Nous ne croyons pas cependant qu'il faille le lui permettre malgré l'opposition du garanti. En matière de garantie, ainsi qu'on l'a fait judicieusement observer, « le droit est du côté du garanti et les obligations du côté du garant (2) ». La garantie formelle, notamment, entraîne pour le garant les trois obligations suivantes : s'abstenir de tout acte qui

(1) M. Glasson sur Boitard et Colmet-Daâge, I, n° 394, p. 445, note.
(2) M. Glasson sur Boitard et Colmet-Daâge, I, n° 398, p. 448, note.

serait de nature à amener l'éviction ou le trouble du garanti (*Quem de evictione tenet actio, eumdem agentem repellit exceptio*) ; défendre le garanti contre tout trouble ou éviction émanant des tiers ; enfin, s'il ne peut parvenir à le protéger efficacement, l'indemniser du préjudice souffert. Ce sont là trois obligations complètement distinctes l'une de l'autre. Aussi le garanti, qui exerce son recours contre le garant, peut-il réclamer l'exécution de ces deux dernières obligations ou de l'une d'elles seulement ; c'est à lui que le choix doit être laissé et l'on ne voit pas « quel est le principe qui pourrait le contraindre à céder au garant sa place au procès (1) ». L'expression de l'article 182 « pourra toujours » a été employée uniquement pour indiquer que le demandeur primitif ne saurait refuser de défendre contre le garant sur l'action qu'il a dirigée contre le garanti. — La disposition finale du même article prouve en outre que le garanti peut obliger le garant à prendre son fait et cause, si son droit à la garantie n'est pas d'ailleurs contesté : sa présence est inutile à la discussion. Rodier en faisait déjà la remarque au sujet de la même disposition dans l'article 9 du titre VIII de l'Ordonnance de 1667 et cela résulte également des principes que nous venons de poser en matière de garantie formelle. Au surplus, un texte du Code civil vient fortifier cette décision, car il reconnaît positivement ce droit au garanti dans une hypothèse particulière. D'après l'article 1727, en effet, il suffit au preneur troublé dans la jouissance de la chose louée, d'indiquer son titre et de nommer le bailleur pour être mis immédiatement hors de cause, s'il l'exige (2).

---

(1) En sens contraire : Boitard et Colmet Dâàge, *op. et loc. cit.* ; Carré et Chauveau, II, quest. 775 *bis* ; Boncenne, III, p. 376 ; Garsonnet, II, § 391, p. 704.

(2) **V.** dans ce sens : Carré et Chauveau, II, quest. 775 ; Rodier, sur

Lorsque le garant a pris ainsi, soit volontairement, soit forcément, le fait et cause du garanti, celui-ci est autorisé à demander sa mise hors de cause, puisque le demandeur originaire a désormais pour adversaire principal le garant, mais il peut aussi demeurer dans la cause, s'il le juge à propos pour la défense de ses intérêts. De là, pour le garanti, deux situations bien différentes qu'il importe de distingue.

A. — *Mise hors de cause du garanti.* — Le garanti préfère laisser entièrement au garant le soin de la défense et demande à être mis hors de cause. Il doit requérir sa mise hors de cause, *avant le premier jugement,* dit l'article 182 (1), ce qui doit s'entendre du premier jugement d'avant faire droit qui est rendu sur une question de fait ou de droit détaché de la cause principale. Ce jugement forme le contrat judiciaire entre les parties et lie le garanti au débat. Et si la contestation est assez simple pour ne donner lieu qu'au jugement définitif, la mise hors de cause doit être requise avant la fin de l'instruction (2). Le garanti serait encore recevable à la demander après une remise de cause, simple mesure d'ordre qui ne détermine pas la position respective des parties (3).

Mais il n'est pas certain que le garanti obtienne sa mise hors de cause, car le demandeur originaire peut s'y oppo-

l'art. 9, tit. VIII, Ordon. de 1667, quest. 1re ; Bioche, vo *Garantie,* no 49. — *Contrà* : Thomine-Desmazures, I, p. 339 ; Garsonnet, *op. et loc. cit.*

(1) L'Ordonnance de 1667 (tit. VIII, art. 9) portait « avant la contestation », c'est-à-dire avant la contestation en cause, mais on était loin d'être d'accord dans l'Ancien Droit sur le sens à donner à cette expression. Le Code de procédure ramène à l'uniformité les diverses jurisprudences qui s'étaient établies à cet égard, en précisant l'époque à laquelle le garanti peut demander sa mise hors de cause.

(2) Chauveau sur Carré, II. quest. 778 *bis* ; Boncenne, III, p. 377 ; Boitard, Colmet-Dâage et Glasson, I. no 399.

(3) *Contrà* : Rodière, I, p. 345, note 1 ; Delzers, II, p. 230.

ser et exiger qu'il reste en cause pour la conservation des
droits qu'il a contre lui personnellement (art. 182 dern.
alin.). Il peut avoir, en effet, à demander compte au garanti
de faits personnels, dont le règlement ne peut être obtenu
que de lui, par exemple, des dégradations que le garanti
a commises sur le fonds revendiqué, ou des fruits de la
chose qu'il a perçus de mauvaise foi. Le tribunal appré-
ciera les faits invoqués pour maintenir le garanti en cause
et, s'ils paraissent fondés, obligera celui-ci à conserver le
rôle de défendeur dans le débat principal.

Mais l'insolvabilité du garant formel ne fournirait pas
au demandeur un motif légitime pour retenir le garanti
en cause. Nous verrons, en effet, que le garanti qui s'est fait
mettre hors de cause n'est pas passible des dépens, même
en cas d'insolvabilité du garant. Le demandeur principal
a donc intérêt pour le recouvrement des dépens à ce
que le garanti reste en cause, quand l'insolvabilité du garant est manifeste ou à craindre, puisqu'alors il a un recours subsidiaire contre le garanti (art. 185, C. pr.). Il ne
pourrait pas cependant retenir le garanti dans l'instance
à raison de ce seul motif, car il aurait toujours intérêt à
élever cette prétention et la faculté, que la loi lui accorde
de se faire mettre hors de cause, deviendrait illusoire.
D'ailleurs, le demandeur originaire n'est autorisé à contraindre le défendeur à rester en cause que pour la conservation d'un droit ; or, la condamnation aux dépens est
une éventualité qui ne constitue pas un droit pour le demandeur. Il n'y a aucune injustice à décider ainsi, puisque, si le garant n'avait pas cessé de détenir l'immeuble litigieux, il aurait fallu procéder directement contre
lui (1). Ajoutons que la question se présentera rarement,

____

(1) Chauveau sur Carré, II, quest. 776 ; Bioche, v° *Garantie*, n° 50 ;
Boitard, Colmet-Daâge et Glasson, I, n° 402.

car le garanti, qui n'est pas de son côté assuré d'un recours efficace contre le garant insolvable, agirait bien témérairement, s'il lui abandonnait la direction et tout le soin de la défense.

Si le garanti requiert à temps sa mise hors de cause et qu'il l'obtienne, il évite ainsi de jouer le rôle de défendeur direct dans l'instance principale, mais il ne devient pas pour cela étranger au procès. Il assiste, en effet, au débat qui s'engage entre le garant qui a pris son fait et cause et le demandeur originaire et suit la marche de l'instruction, mais ne la dirige pas. C'est le garant formel qui est l'unique défendeur. On n'a plus à lui signifier les divers actes de la procédure et lui-même n'a pas de conclusions à prendre (1). Mais le garanti continue à avoir un avoué dans la cause et, s'il estime que le garant se défend mal par négligence ou par collusion avec le tiers revendiquant et compromet leurs intérêts communs, il peut signifier des conclusions pour présenter les moyens de défense qu'il croit utiles et prendre part de nouveau à l'affaire sans être obligé d'intervenir comme un tiers et de faire recevoir son intervention. Si le demandeur originaire triomphe dans sa prétention, le jugement est rendu contre le garant formel et le garanti, qui s'est fait mettre hors de cause, échappe à la responsabilité des dépens et des dommages-intérêts qui sont alloués au demandeur, même en cas d'insolvabilité du garant. Tel est l'intérêt de la mise hors de cause, mais pour le principal, comme nous le verrons, le jugement est toujours exécutoire contre le garanti (art. 185). De plus le même jugement, qui donne gain de cause au demandeur originaire, fait droit à la demande en garantie et condamne le garant à indemniser le garanti du préjudice que lui cause l'éviction.

(1) Carré et Chauveau, II, quest. 778. — *Contrà* : Rodière, I, p. 346.

B. *Le garanti reste en cause.* — Le garanti, malgré la prise de fait et cause par le garant, ne requiert pas sa mise hors de cause, ou bien il ne l'obtientpas, soit parce qu'il ne l'a pas demandée à temps, soit parce que le demandeur originaire a exigé son maintien dans l'instance. Dans cette hypothèse, le garanti continue à figurer dans la cause principale à côté du garant et y reste défendeur (1). L'affaire se poursuit contre ces deux parties et tous les actes de l'instance doivent être signifiés au garanti comme au garant. Toutefois le garanti n'est pas regardé véritablement comme une partie principale, bien qu'il en ait tous les droits; c'est toujours le garant qui est au premier rang, qui est le principal défendeur. Aussi le jugementde condamnation au profit du demandeur originaire est-il rendu seulement contre le garant. Aucune condamnation n'est prononcée nominativement contre le garanti qui est resté en cause. Mais le garanti est néanmoins tenu de subir l'exécution du jugement, et subsidiairement des dépens, dans le cas d'insolvabilité du garant (art. 185 d. alin.). La disposition finale de l'article, édictant cette obligation subsidiaire du garanti, est une innovation (2) réclamée par le Tribunat dans ses observations sur le projet du Code de procédure. « La raison, disait-il, veut qu'on soit beaucoup plus sévère à l'égard du garanti qui est resté en cause, parce qu'alors il a tout à s'imputer, au moins à l'égard du demandeur originaire. Il faut le traiter différemment, lorsqu'il a été mis hors de cause, parce qu'alors de deux choses l'une : ou le demandeur y a consenti, ou il a été

---

(1) Req., 17 décembre 1835, Sir., 36. 1. 251 ; Boitard, Colmet-Dàâge et Glasson, I, n° 399.

(2) Les commentateurs de l'Ordonnance de 1667 étaient divisés sur cette question. Rodier n'admettait pas de distinction et libérait le garanti des dépens dans tous les cas. Rodier, sur l'art. 11 du tit. VIII de l'Ordon. de 1667, quest. 2ᵉ.

jugé que le demandeur n'avait pas le droit de s'y opposer (1). »

Les auteurs sont généralement d'accord pour appliquer la même règle aux dommages-intérêts qui seraient alloués au demandeur originaire et à en rendre le garanti passible dans le cas d'insolvabilité du garant. Nous pensons cependant qu'une décision aussi générale ne peut être donnée sur ce point en présence des termes de l'article 185. « Il le sera aussi des dommages-intérêts, termine l'article, si le tribunal juge qu'il y a lieu. » La loi se montre donc ici moins rigoureuse envers le garanti. Un pouvoir discrétionnaire est laissé aux juges pour décider si le demandeur originaire aura un recours subsidiaire contre le garanti, en ce qui concerne les dommages-intérêts, lorsque le garant est insolvable. Le tribunal examinera si des faits matériels, tels que des dégradations commises sur le fonds litigieux, des perceptions de fruits opérées de mauvaise foi, ou la conduite du garanti au cours des débats, n'ont pas entraîné une certaine responsabilité de sa part, de nature à autoriser ce recours subsidiaire ; ou bien si le garant, étant seul de mauvaise foi, doit supporter exclusivement l'indemnité accordée au demandeur principal (2).

Une opinion très accréditée présente d'une façon diffé-

_____

(1) Locré, XXI, p. 438. — Le texte de l'article 185 est formel : « En cas d'insolvabilité du garant, le garanti sera passible des dépens, à moins qu'il n'ait été mis hors de cause. » La Cour de cassation (Chambre des requêtes) a donc commis une erreur certaine, en décidant, le 30 mars 1864, que l'obligation du garanti de payer les dépens n'a pas un caractère subsidiaire, qu'il en est tenu dans le cas même où le garant serait solvable et qu'il ne serait pas fondé à exiger que les poursuites fussent exercées préalablement contre ce dernier. Cass. req., 30 mars 1864, Dall., 65.1.115 et la note. Boncenne, III, p. 425.

(2) En ce sens : Carré et Chauveau, quest. 784.

rente la théorie de la garantie formelle. D'après elle, il y aurait trois hypothèses à distinguer, relativement à la position du garanti après la prise de son fait et cause par le garant : 1° Le garanti reste en cause ; 2° Il se fait mettre hors de cause ; 3° Il se fait mettre hors de cause, mais il continue à y assister pour la conservation de ses droits. Les partisans de cette opinion s'appuient sur l'autorité de Rodier qui interprétait en ce sens l'article 10 du titre VIII de l'Ordonnance d'avril 1667 (1) et sur l'article 182 C. pr. qui oppose en ces termes la mise hors de cause du garanti et son assistance au débat : « Cependant le garanti, quoique mis hors de cause, pourra y assister pour la conservation de ses droits, et le demandeur originaire pourra demander qu'il y reste pour la conservation des siens. » Dans la première hypothèse, le garanti demeurerait partie au procès, dans les conditions que nous avons admises. Dans la seconde hypothèse, il serait désormais étranger à l'instance, n'encourrait pas par suite la responsabilité des dépens et des dommages-intérêts, mais ne serait admis à rentrer en cause, pour veiller à la conservation de ses droits, que par une intervention qui pourrait ne pas être reçue. En outre, il serait obligé d'exercer son recours en garantie par voie de demande principale contre le garant, si le jugement rendu au profit du demandeur originaire prononçait son éviction. Enfin, dans la dernière hypothèse, il ne prendrait pas une part active aux débats et laisserait au garant le soin de la défense, mais pourrait rentrer dans la cause, s'il était nécessaire, par un simple acte d'avoué à avoué, sans que le demandeur originaire

____

(1) Rodier, sur l'art. 10, tit. VIII, Ord. de 1667, quest. 1re ; Imbert, liv. I, ch. XX, n. 6 (P. 140).

puisse s'y opposer, et le jugement définitif statuerait en même temps sur son recours en garantie (1).

Ce système est inexact et contraire à l'esprit et même au texte de la loi. L'article 182 n'établit pas en réalité l'antithèse que l'on prétend y découvrir. Le législateur a seulement voulu dire que le garanti mis hors de cause ne devient pas pour cela tiers au procès, qu'il n'est pas mis complètement à l'écart, qu'il peut encore suivre la marche de l'instance et même participer aux débats, s'il le juge utile. Son avoué continue d'occuper pour lui dans l'affaire et un simple acte de son ministère suffit pour que le garanti redevienne partie active dans la contestation principale. Déjà, dans l'ancien droit, Pothier avait mieux compris que Rodier, qui d'ailleurs n'était pas très ferme dans son opinion, le caractère de la mise hors de cause du garanti. « Encore que le garanti ait été mis hors de cause, dit-il, il peut y assister pour la conservation de ses droits, c'est-à-dire que, si la cause se plaide, il peut avoir sur le barreau un avocat pour plaider les moyens contre la demande originaire, qui pourraient échapper à l'avocat de son garant. Pareillement, si la cause s'instruit au procès par écrit, il pourra signifier au demandeur originaire des écritures contenant des moyens contre sa demande, de peur qu'ils n'échappent à son garant (2). »

Ce qui prouve également que le garanti n'est pas, après sa mise hors de cause, complètement étranger à l'affaire, c'est que le jugement rendu contre le garant formel a autorité de chose jugée et est exécutoire contre lui. Comment supposer d'ailleurs que le garanti puisse se désin-

____

(1) Chauveau sur Carré, II, quest. 776 et 777 ; Boncenne, III, p. 376 et suiv. ; Boitard et Colmet-Daâge, I, n° 401 ; Rodière, I, p. 345 ; Thomine-Desmazures, I, p. 339.

(2) Pothier, *Proc. civ.*, part. I, ch. II, art. 2, § 3.

téresser ainsi d'une instance où se débattent pour lui de précieux intérêts? Si le garant succombe, ne se trouve-t-il pas par le fait même évincé? La situation du garanti m is hors de cause ressemble donc à celle du garant dans la garantie simple. Comme le garant simple, le garanti n'est pas défendeur direct dans le débat principal, mais, comme lui également, il est autorisé à y intervenir pour la conservation de ses droits.

D'ailleurs, si on assimile le garanti qui n'est plus en cause à un tiers, on supprime tous les avantages de la garantie incidente ; car si le garanti est en pareille hypothèse dans la nécessité de faire statuer sur son recours en garantie par action principale, l'économie des frais n'existe plus, ainsi que l'abréviation des procédures, puisqu'il faudra une nouvelle instance et une autre décision judiciaire pour trancher la question de garantie.

Et, sous ce dernier point de vue, apparaît encore l'inexactitude de la doctrine que nous combattons. Les effets de la mise hors de cause ne se rattachent, de toute évidence, qu'à la demande principale. Il ne faut pas oublier, en effet, que deux causes ont été réunies devant le même tribunal, l'instance principale, formée contre le garanti et l'instance en garantie, formée par ce dernier contre le garant. Or, lorsque le garanti se fait mettre hors de cause, cela ne doit s'entendre que de la cause primitive, de l'instance principale, puisque le garanti cesse d'être l'adversaire direct du demandeur originaire et se trouve remplacé par le garant. Quant à la seconde cause, celle qui concerne le recours en garantie intenté contre le garant, elle reste pendante devant le même tribunal et le garanti y demeure partie. Aussi est-il incontestable que le garanti, mis hors de cause, a toujours qualité pour se faire adjuger, par le même jugement qui fait droit à la demande du revendiquant, des dommages-intérêts en raison du préjudice que lui cause l'éviction.

Enfin l'article 185 lui-même ne prévoit que deux situations possibles, puisqu'il assimile implicitement le garanti qui reste en cause et celui qui y assiste et les oppose tous deux au garanti mis purement et simplement hors de cause. « Il suffira, dit-il, de signifier le jugement aux garantis, soit qu'ils aient été mis hors de cause, ou qu'ils y aient assisté. » Nous concluons donc que le garanti peut seulement rester en cause ou se faire mettre hors de cause et que ce dernier parti n'empêche pas une assistance active et la faculté de reprendre le rôle de défendeur, sans qu'il soit nécessaire de procéder par la voie de l'intervention (1).

III. — De l'exécution du jugement en garantie formelle.

L'article 185 détermine exclusivement la force exécutoire du jugement rendu au profit du demandeur originaire en matière de garantie formelle, lorsque le garant, appelé incidemment dans l'instance principale, a pris le fait et cause du garanti. Dans ce cas, le garant formel, comme nous l'avons vu, a été l'adversaire principal du revendiquant, le plus souvent même l'unique défendeur. Aussi la condamnation est-elle prononcée en nom et directement contre lui. Cependant, aux termes de l'article 185, le jugement rendu contre le garant formel est exécutoire contre le garanti en ce qui concerne la condamnation principale, par exemple, le délaissement de l'immeuble dont le demandeur est reconnu propriétaire. « Il suffira, ajoute l'article, de signifier le jugement aux garantis, soit qu'ils aient été mis hors de cause, ou qu'ils y aient assisté. » Le garanti est, en effet, représenté au

____

(1) En ce sens : Joccoton, *Rev. de dr. franç. et étr.*, 1849, p. 912.

procès par le garant qui s'est substitué à lui et ce qui est jugé contre l'un est jugé contre l'autre. D'ailleurs on ne saurait demander au garant le délaissement de l'immeuble revendiqué, puisqu'il ne le détient pas ; il ne peut donc exécuter la condamnation. C'est le garanti qui est en possession de l'immeuble, c'est donc à lui à le restituer (1). Ainsi, après une simple signification, le jugement, qui prononce la condamnation du garant, s'exécute directement contre le garanti, « *sans qu'il soit besoin d'autre demande ni procédure* ».

Il en est autrement des condamnations accessoires. L'article 185 ajoute en effet : « A l'égard des dépens, dommages et intérêts, la liquidation et l'exécution ne pourront en être faites que contre les garants. » C'est encore là une conséquence du principe que le garanti n'est pas obligé personnellement envers le demandeur originaire et que sa bonne foi présumée le rend très favorable. Le garant, qui a pris le fait et cause du garanti, est donc seul responsable des dépens et des dommages et intérêts alloués au demandeur originaire, même lorsque le garanti a continué à figurer en nom dans la cause. Lui seul est en faute d'avoir usurpé et d'avoir aliéné un fonds, dont il n'était pas propriétaire, ou de l'avoir vendu exempt de charges et de droits réels, quand il en était grevé. Toutefois il faut supposer, pour qu'il en soit tenu exclusivement, que le garanti a formé son recours, dès qu'il l'a pu et sans exposer d'autres frais que ceux de la demande principale et de l'incident sur l'exception de garantie, s'il a été soulevé (2).

(1) Faure, *Rapport au Corps législatif au nom du Tribunat*, dans Locré, XXI, p. 588. — Il en serait de même, dans le cas où le demandeur originaire, au lieu d'agir en revendication, aurait réclamé l'exercice d'un droit de servitude ou d'un droit d'usufruit sur l'immeuble ; ce serait au garanti à supporter l'exercice de l'usufruit ou de la servitude.

(2) Cass., 14 mars 1825, Sir., 26.1.171 ; Aix, 31 janvier 1838, Dall.,

Tous frais occasionnés par son retard à appeler son garant et que ce dernier aurait pu éviter, seraient supportés personnellement par lui, lors même qu'il serait mis plus tard hors de cause (1). L'Ordonnance d'avril 1667 (tit. VIII, art. 14) contenait une disposition formelle sur ce point et l'article 2028 du Code civil fait encore une application de ce principe au cas de garantie simple. « La caution, dit-il, n'a de recours que pour les frais par elle faits depuis qu'elle a dénoncé au débiteur principal les poursuites dirigées contre elle. » On doit décider par *a fortiori* qu'il en est de même, quand il s'agit de garantie formelle, puisque, dans ce cas, le garant est appelé à prendre le fait et cause du garanti et qu'il voit retomber sur lui tout le poids du procès, ce qui ne peut se produire dans la garantie simple.

En ce qui concerne la liquidation et l'exécution des dépens et des dommages-intérêts, la disposition finale de l'article 185 contient cependant une restriction importante, qui nous est déjà connue, pour le cas d'insolvabilité du garant. Les dépens et les dommages-intérêts, qui ne peuvent jamais être recouvrés contre le garanti qui s'est fait mettre hors de cause, peuvent au contraire l'être subsidiairement contre le garanti qui est resté en cause, lorsque le garant est insolvable. Nous renvoyons à cet

---

38.2.136; Chauveau sur Carré, quest. 783 et 784 *ter* ; Bioche, vᵒ *Dépens*, nᵒ 73.

(1) Ce seront ordinairement des frais extra-judiciaires, puisque le garanti doit appeler son garant en cause *in limine litis*, avant toute conclusion au fond. Il pourrait arriver cependant que le garant n'intervienne qu'au cours des débats sur l'instance principale, quand le demandeur originaire ne s'oppose pas au sursis. C'est dans de telles circonstances qu'un arrêt de la Cour de cassation a décidé que le garant ne devait pas les dépens, exposés dans la contestation principale avant sa mise en cause, le garanti ne l'ayant appelé que plus de quarante ans après le commencement des débats. Cass., 8 novembre 1820, Sir., 21. 1.402.

égard aux explications que nous avons données à propos de la mise hors de cause du garanti.

Nous avons supposé jusqu'ici, avec l'article 185, que le demandeur originaire obtenait gain de cause, mais si, au contraire, sa prétention était rejetée, il serait condamné, non seulement aux dépens de la demande principale, mais aussi aux frais de la demande en garantie que son action mal à propos intentée a nécessitée (1). La question ne présente aucune difficulté, quand le garant a pris le fait et cause du garanti, puisque le procès a eu lieu entre lui et le demandeur primitif. Mais, dans le cas contraire, lorsque le garanti a soutenu seul la défense, les juges décident qu'avant de prononcer la condamnation du demandeur originaire aux dépens de l'instance en garantie, il est nécessaire de se préoccuper du mérite de cette demande, de rechercher si la prétention du demandeur principal justifiait un recours de cette nature (2). Mais si le demandeur originaire condamné à tous les dépens est *insolvable*, quel est du garant ou du garanti celui qui devra supporter les frais, soit de l'instance principale, soit de l'instance en garantie. Cette question divise les auteurs qui se sont surtout ingéniés à trancher la difficulté d'une manière conforme à l'équité. Les textes gardent en effet le silence sur ce point et ne prévoient que l'hypothèse où l'éviction se réalise. Lorsque le garant s'est substitué au garanti, que ce dernier ait été mis ou non hors de cause, tous les dépens tombent nécessairement à sa charge en cas d'insolvabilité du tiers revendiquant ; ces frais ont été faits dans son propre intérêt, puisque c'est lui qui jouait

____

(1) Cass., 25 juillet 1832, Sir., 33.1.347, Dall., 33.1.68 ; Cass., 26 juillet 1832, Sir., 32.1.492, Dall., 32.1.413 ; Cass., 7 novembre 1865, Sir., 66.1.41, Dall., 66.1.262 ; Cass., 29 janvier 1868, Sir., 68.1.217, Dall., 68.1.104.

(2) V. notamment Cass., 20 février 1878, Dall., 79.1.171. — *Contrà*, Cass. 29 janvier 1868 précité.

le rôle principal dans l'affaire, qui contestait directement, personnellement, la prétention du réclamant (1).

Mais, dans l'hypothèse inverse, lorsque le garanti est demeuré seul chargé de la défense, le garant n'ayant pas pris son fait et cause, on a prétendu que c'était au garanti en cas d'insolvabilité du demandeur, à supporter les dépens, qu'il ne pouvait pas exiger du garant le remboursement de ces frais. En effet, a-t-on dit, ces frais sont un dommage causé par la prétention injuste du tiers ; or, les conséquences d'une telle demande ne doivent pas retomber sur le garant. Il est tenu de garantir le droit qu'il a déclaré transmettre ; le vendeur, par exemple, doit garantir la propriété de l'immeuble qu'il a cédée. Or, l'issue du procès montre qu'il a fidèlement rempli ses engagements ; le droit qu'il a transmis a été judiciairement reconnu exister. Ce serait étendre outre mesure la responsabilité du garant que de lui faire supporter les frais de toutes les réclamations sans fondement, dirigées contre le garanti par des personnes insolvables. Ces réclamations doivent être assimilées à des cas fortuits qui pèsent exclusivement sur le défendeur originaire, comme propriétaire du fonds revendiqué (2).

Cette opinion ne saurait être admise. Les frais doivent être mis à la charge du garant, dans le cas où le demandeur condamné à les payer est insolvable. Le garant est tenu, en effet, d'assurer au garanti une possession paisible, de le défendre contre toute éviction menaçante, de le protéger contre tout trouble de droit. Or, la prétention du tiers constituait bien un trouble et autorisait le défendeur originaire à recourir contre son garant, sans avoir à examiner préalablement si elle était fondée. D'ailleurs si le fonds

(1) Conf. Duvergier sur Toullier, XVI, n° 385.
(2) Delzers, *Proc. civ.*, II, p. 243.

revendiqué était resté entre les mains du garant, c'est lui qui aurait été actionné par le tiers et qui aurait eu à supporter les risques de son insolvabilité. On ne comprendrait pas en outre que la situation du garanti puisse différer en ce qui concerne les dépens, selon que le garant a pris ou non son fait et cause. Si les frais sont à la charge du garant dans le premier cas, il doit en être nécessairement de même dans le second (1).

SECTION III. — Des voies de recours en matière de garantie incidente.

L'application en matière de garantie incidente des principes concernant les voies de recours soulève d'assez grandes complications, notamment pour les voies ordinaires de recours, l'opposition et surtout l'appel.

APPEL. — Pour l'appel, une première difficulté est relative à la détermination du ressort. Lorsque la demande en garantie a été jointe à la demande principale, les deux actions restent-elles néanmoins distinctes et indépendantes et peuvent-elles être jugées, l'une à charge d'appel, l'autre sans appel ? Ou, au contraire, l'appel de la demande principale entraîne-t-il l'appel de celle en garantie ? La

---

(1) En ce sens : Duvergier, *op. cit.*, n° 386 ; Carré et Chauveau, II, quest. 784 *bis* ; Cass., 3 janvier 1833, *Journ. des avoués*, XLIV, p. 270. — *Contrà* : Grenoble, 30 novembre 1824, *Journ. du Palais*, 26.1.421 : Cass., 6 février 1867, Dall., 67.1.257. Toutefois M. Carré proposerait, s'il était permis de transiger avec les principes, de mettre à la charge du garanti les dépens de la demande principale et de faire supporter par le garant les frais de l'instance en garantie. Ce résultat serait peut-être mal accueilli par l'une et l'autre de ces parties, mais l'équité commande, dit-il, de « répartir ainsi sur chacun l'effet de l'insolvabilité du demandeur principal au lieu de le faire tomber en entier sur un seul d'entre eux ». V. encore Joccoton, *Revue de dr. franç. et étrang.*, 1849, p. 910.

jurisprudence, principalement celle des Cours d'appel,
paraît admettre l'indivisibilité entre la demande principale et la demande en garantie. Plusieurs arrêts ont en
effet posé en principe que l'action en garantie doit toujours suivre, en ce qui concerne le degré de juridiction, le
sort de l'action principale (1). Il résulte de cette subordi-
nation que, si la demande principale est jugée en dernier
ressort, la demande en garantie doit l'être également,
quoiqu'ayant un objet d'une valeur supérieure à 1500 fr.
Ce principe, formulé en ces termes, est trop absolu, comme
celui qui proclame l'indépendance complète de chaque
demande (2), par cette raison que l'unité de procédure ne
fait pas l'unité du ressort. Nous préférons le système qui
résout la question par des distinctions. En effet, il n'y a
certainement pas indivisibilité entre la demande principale et la demande en garantie, lorsque le défendeur originaire succombe vis-à-vis du demandeur primitif, car
l'éviction peut se produire sans que le droit à la garantie
doive s'ensuivre nécessairement, par exemple lorsque
l'éviction provient de la faute même de l'acheteur, ou
quand il s'agit d'un donataire. Au contraire, si le défendeur originaire obtient gain de cause, il y a indivisibilité

(1) Bruxelles, 9 frimaire an XIV, Dall., v° *Degrés de jurid.*, n° 166 ;
Montpellier, 7 février 1828, Dall., 28.2.234 ; Douai, 22 juin 1842, *Journ.
du Palais*, 42.2.217 ; Grenoble, 13 juin 1855, Sir., 55.2.478, Dall., 56.5.
136 ; Orléans, 9 janvier 1869, Dall., 69.2.132 : Cass. civ., 1er juin 1881,
Sir., 83.1.165.
(2) La majorité des arrêts et des auteurs se prononce en ce sens : Orléans, 4 décembre 1850, Sir., 51.2.250, Dall., 51.2.241 ; Riom, 8 janvier
1855, Sir., 56.2.102, Dall., 55.5.143 ; Rouen, 24 août 1861, Sir., 62.2.
207 ; Besançon, 18 novembre 1863, Sir., 63.2.257, Dall., 63.2.197 ; Angers,
23 juillet 1868, Dall., 68.2.245 ; Cass., 20 janvier 1869, Sir., 69.1.204,
Dall., 69.1.423, Cass., 24 août 1870, Sir., 71.1.13, Dall., 70.1.430 ; Cass.,
28 avril 1873, Sir., 73.1.317, Dall., 73.1.470 ; Cass., 7 janvier 1874, Sir.,
74.1.63, Dall., 73.1.13 ; Cass., 15 juin 1874, Sir., 75.1.351, Dall., 74.1.
428 ; Rodière, II, p. 65 ; Pigeau, *Proc. civ.*, I, p. 517.

entre les deux demandes, en ce sens que des dommages et intérêts ne pourraient être alloués au garanti, s'il ne subit pas d'éviction. Nous déduirons de là les applications suivantes : lorsque la demande principale a été jugée en dernier ressort et la demande en garantie à charge d'appel, les deux décisions étant indépendantes l'une de l'autre, l'appel formé relativement à l'instance en garantie, porte sur l'existence de l'obligation de garantie et sur l'évaluation ·des dommages-intérêts, mais ne saurait avoir aucune influence sur le jugement définitif de la contestation principale. Tout se passe comme si la demande en garantie avait été engagée par action principale et séparée à la suite d'une éviction prononcée par un autre tribunal.

Au contraire, si la demande principale n'a pas été établie d'une manière définitive et irrévocable, l'appel formé quant au chef relatif à cette demande remet en question la partie du jugement qui a trait au recours en garantie, même si cette demande en garantie n'excède pas le taux du dernier ressort. Il y a, en pareil cas, indivisibilité entre les deux demandes : « du moment qu'il n'est pas sûr qu'il y aura éviction, il ne peut pas non plus être statué définitivement sur la garantie » (1).

Lorsque l'appel porte sur la demande en garantie et se restreint à cette question, les règles ordinaires en matière d'appel sont purement et simplement applicables ; aucune difficulté ne peut donc s'élever dans cette hypothèse, puisque l'appel s'agite exclusivement entre le garanti et le garant et que le demandeur originaire n'est pas intéressé au débat (2). Il n'en est plus de même lorsque l'appel re-

(1) M. Glasson sur Boitard et Colmet-Daâge, II, n° 672, p. 57, note 1 ; Rouen, 17 avril et 24 août 1861, Sir., 62.2.207 ; Carré et Chauveau, IV, quest. 1581 *quater*, III, V.

(2) Nancy, 26 février 1870, Dall., 72.2.46 ; Civ. cass., 12 février 1873, Dall., 78.1.381 ; V. cep. Civ. cass., 30 novembre 1825, Dall., v° *Chose ju-*

met en question la demande principale et de vives controverses se sont élevées sur les points suivants :

1° Qui a le droit d'appeler et contre qui.

2° Comment faire courir les délais d'appel.

3° Si l'appel, interjeté dans les délais par ou contre l'une des parties en présence, conserve le droit d'appeler aux autres ou contre les autres.

Pour se prononcer sur ces différents points, il faut distinguer suivant que le demandeur originaire a obtenu gain de cause en première instance ou qu'il a succombé.

A. — Lorsque le demandeur originaire a obtenu gain de cause, le garanti et le garant ont l'un comme l'autre le droit d'interjeter appel contre lui. Pour le garanti, ce n'est pas contesté, car en garantie simple, n'ayant pu requérir sa mise hors de cause, il a défendu seul et a été seul condamné (1) et en garantie formelle, si le garant n'a pas pris son fait et cause, il a été condamné personnellement et si le garant s'est mis à sa place, l'exécution de la condamnation principale au délaissement de l'immeuble se poursuit néanmoins contre lui.

Mais pour le *garant*, le droit d'appeler contre le demandeur originaire n'est pas reconnu d'une manière générale par tous les auteurs. La plupart d'entre eux distinguent en effet entre la garantie formelle et la garantie simple et réservent la faculté pour le garant d'interjeter appel contre le demandeur principal au cas où, dans la garantie formelle, il a pris le fait et cause du garanti (2). Le droit

gée, n° 57 ; Req., 4 janvier 1853, Dall., 54.5.29 ; mais, dans cette dernière espèce, le demandeur primitif avait été intimé, à raison du concert frauduleux, existant entre lui et le garanti, pour distraire le garant de ses juges naturels.

(1) *Contrà*: Grenoble, 18 janvier 1832, Dall., v° *Appel*, n° 570.

(2) Chauveau sur Carré, IV, quest. 1581 *quater* I, et Dutruc, *Supplément*, v° *Appel*, n°s 24 et 25 ; Poitiers, 22 décembre 1829, Dall., v° *Appel civil*, n° 569.

du garant ne saurait être douteux dans cette hypothèse, puisqu'il a été l'adversaire direct et le contradicteur principal du demandeur originaire et qu'il a encouru personnellement toutes les condamnations prononcées au profit de celui-ci.

La jurisprudence, au contraire, repousse toute distinction et permet au garant d'interjeter appel, qu'il s'agisse de garantie simple ou de garantie formelle et qu'il ait pris ou non fait et cause pour le garanti. Elle invoque comme argument à l'appui de ses décisions que le garant est toujours partie à l'instance principale, qu'il y est représenté au regard du demandeur originaire par le garanti dont il est l'ayant cause et, en conséquence, qu'il est fondé à faire valoir les moyens de défense et à prendre toutes les voies de recours qui appartiennent à ce dernier et à interjeter appel d'un jugement qui lui fait grief, même si le jugement n'a pas été rendu contre lui (1). On peut encore ajouter que le droit du garant résulte aussi de l'identité, de l'indivisibilité d'intérêt existant entre lui et le garanti.

Le garant a donc le droit d'interjeter appel contre le demandeur originaire, mais est-il encore recevable à le faire après que le garanti se trouve déchu de la même faculté vis-à-vis du demandeur, ou a acquiescé au jugement rendu au profit de celui-ci ? La jurisprudence se prononce

(1) Toulouse, 6 novembre 1825, Sir., 26.2.277 ; Bordeaux, 22 janvier 1827, Sir., 27.2.65 ; Civ. rej., 10 mars 1829, Sir., 29.1.142 ; Poitiers, 7 décembre 1830, *Journ. des Avoués*, XL, p. 267 ; Cass. req., 16 juin 1831, Dall., v° *Appel civil*, n° 563 ; Orléans, 30 septembre 1832, Sir., 33.2. 529 ; Civ. cass., 12 avril 1843, Sir., 43.1.686 ; Orléans, 9 décembre 1848, Sir., 49.2 590 ; Orléans, 2 février 1849, Sir., 49.2.588 ; Req., 21 mai 1849, Dall., 49.1.181 ; Bourges, 22 janvier 1851, Dall., 51.2.194 ; Limoges, 10 août 1861 et 3 juillet 1865, Dall., 62.2.26 et 67.1.230 ; Bordeaux, 21 mai 1867, Dall., 69.2.159 ; Angers, 10 décembre 1869, Sir., 70.2.243 ; Req., 17 novembre 1873, Dall., 74.1.221 ; Cass., 12 décembre 1876, Sir., 77.1. 459 ; Besançon, 7 mai 1880, *Rec. arr. Besançon*, 1880, p. 62.

affirmativement sur cette question. Du moment, dit-elle, que le garant a la faculté d'appeler directement et en son nom personnel, il est impossible qu'il en soit privé par le fait du garanti. Celui-ci ne peut, en acquiesçant au jugement qui le condamne, que renoncer aux droits qui lui appartiennent et ne peut faire perdre au garant la faculté qui lui est réservée d'attaquer le jugement par la voie de l'appel dans son intérêt personnel (1). En un mot l'acquiescement ou le silence du garanti ne lie point le garant.

Puisque le garant et le garanti ont l'un comme l'autre le droit d'appeler, le demandeur principal doit signifier respectivement à chacune de ces parties le jugement qu'il a obtenu, afin de faire courir contre elles le délai d'appel. La signification du jugement, faite au garanti seulement, n'a d'effet que contre lui et ne fait pas courir le délai à l'égard du garant (2).

On serait amené naturellement à décider en vertu de ce principe, qui accorde le droit d'appeler au garant et au garanti d'une façon distincte et séparée, que l'appel, interjeté par l'un d'eux en temps utile, ne relève pas l'autre de la déchéance qu'il a encourue vis-à-vis du demandeur principal en laissant expirer le délai d'appel. Cependant la jurisprudence s'écarte sur ce point du principe qui l'avait jusqu'ici guidée dans ses décisions et déclare que

____

(1) Cass., 31 août 1818, Sir., 19.1.70 ; Metz, 27 février 1822, Dall., v° cit., n° 573 ; Req., 31 décembre 1822, Dall., v° *Vente*, n° 929 ; Bordeaux, 21 janvier 1827, Sir., 27.2.65 ; Civ. rej., 10 mars 1829, Sir., 29.1.142 ; Bourges, 22 janvier 1851, Sir., 52.2.33, Dall., 51.2.194 ; Limoges, 10 août 1861, Sir., 62.2.26. — *Contrà* : Grenoble, 18 janvier 1832, Dall., v° *cit.*, n° 570 ; Paris, 17 décembre 1849, Dall., 52.1.179 ; Chauveau sur Carré, IV, quest. 1581, *quater* I, 2°.

(2) Metz, 25 juin 1825, *Rec. arr. Metz*, V, p. 294 ; Cass., 10 mars 1829, Dall., 29.1.171 ; Cass., 2 décembre 1833, Sir., 34.1.172 ; Cass., 18 mars 1874, Sir., 74.1.348.

l'appel, relevé par le garant à l'encontre du demandeur originaire, profite au garanti et réciproquement. Le garanti par suite est recevable à conclure de son chef à la réformation du jugement, bien qu'il ait laissé passer les délais sans interjeter lui-même appel (1). La doctrine se prononce généralement dans le même sens et fait observer que, le plus souvent, « le garanti doit croire que ce qui a été jugé sera respecté ; il n'a ordinairement point d'intérêt à attaquer le jugement qui, en même temps qu'il le condamne, lui accorde un recours. Il en est autrement lorsque son garant essaie de le faire réformer ; l'objet du procès est remis en question ; il lui importe alors de soumettre toute la cause au tribunal supérieur. Mais comme l'appel du garant peut n'intervenir que le dernier jour, il est impossible d'exiger que l'appel du garanti soit formé dans le même délai. C'est ce qui a fait admettre que le garant relevait le garanti (2) ».

La jurisprudence se base sur l'indivisibilité d'intérêt qui existe entre le garant et le garanti, en ce sens qu'il

(1) Req., 7 juillet 1807, Dall., v⁰ *Appel*, n⁰ 473 ; Grenoble, 22 mars 1811, Dall., *v⁰ cit.*, n⁰ 598 ; Toulouse, 6 novembre 1825, Sir., 26.2.277 ; Poitiers, 11 mars 1830, Sir., 31.2.71 ; Agen, 5 janvier 1832, Sir., 34.2.237 ; Req., 16 janvier 1843, Sir., 43.1.158 ; Bourges, 22 janvier 1851, Dall., 51.2.194 ; Orléans, 17 juin 1852, Dall., 54.5.28 ; Civ. Cass., 28 novembre 1854, Dall., 54.1.416 ; Amiens, 4 mars 1857, Sir., 57.2.386 ; Limoges, 10 août 1861, Sir., 62.2.26 ; Bordeaux, 21 mai 1867, Dall., 69.2.159 ; Lyon, 10 décembre 1868, Dall., 69.2.71 ; Montpellier, 8 décembre 1871, Dall., 72.5.262; Cass., 18 mars 1874, Sir., 74.1.348 ; Civ. Cass., 2 février 1875, Dall., 75.. 253, Sir., 75.1.337 et la note de M. Labbé ; Chambéry, 27 avril 1875, Dall., 78.2.11 ; Douai, 29 mai 1875, Jurisp. Douai, XXXIII, p. 262 ; Cass., 11 juin 1877, Sir., 78.1.445 ; Cass., 7 avril 1879, Sir., 80.1.296, Dall., 80.1. 226 ; Nancy, 26 novembre 1881, *Rec. arr. Nancy*, 1881, p. 251 ; Bordeaux, 2 mai 1883, *Journ. arr. Bordeaux*, t. 58, p. 188 ; Bordeaux, 20 juin 1887, *Rec. de Bordeaux*, 87.436.

(2) Rivoire, *De l'appel*, n⁰ 206 ; Rodière, II, p. 73 ; Bioche, v⁰ *Garantie*, n⁰ 382 ; Rousseau et Laisney, v⁰ *Appel*, n⁰ 194. — *Contrà* : Chauveau sur Carré, IV, quest. 1581, VI.

est inadmissible, quand l'appel du garant remet en question le principe même de la demande principale, que l'arrêt exonère le garant, tandis que le jugement, qui a donné gain de cause au demandeur originaire, subsiste contre le garanti. Au cas, par exemple, de garantie simple, il n'est pas admissible, d'après la jurisprudence, que la dette soit déclarée non existante sur appel du débiteur principal sans que cette déclaration profite à la caution.

De même, en garantie formelle, la question de propriété de l'immeuble aliéné ne saurait recevoir deux solutions contradictoires, l'une au regard de l'acheteur, l'autre au regard du vendeur. Et pourtant cette contrariété de décisions rendues sur la même question, que la jurisprudence redoute ici, ne peut-elle pas se produire également quand les demandes principale et en garantie ont fait l'objet de deux instances séparées ? Certains arrêts vont même jusqu'à décider que l'acquiescement du garanti ne le rend pas non recevable à demander la réformation du jugement dont le garant interjette lui-même appel, attendu que cet acquiescement est réputé n'être donné que sous la condition tacite que le garant exécuterait lui-même la condamnation contre lui prononcée par le jugement (1).

B. — Lorsque le demandeur originaire a succombé devant les premiers juges, l'appel qu'il interjette du jugement rendu contre lui, est dirigé contre le garanti qui n'a pas cessé d'être partie à la contestation, en garantie simple comme en garantie formelle. Mais le demandeur est-il obligé d'intimer le garant sur son appel ? Nous ne le pensons pas. Qu'il ait d'ailleurs le droit de le faire, ce

____

(1) Lyon, 1er mars 1824, Dall., v° cit., n° 599 ; Bordeaux, 22 janvier 1827, Dall., n° 568 ; Douai, 29 novembre 1862, Dall., 63.2.41 ; Trib. de Perpignan, 17 février 1879, Dall., 82. 1. 351.

n'est pas contestable (1), mais on ne saurait l'y contraindre. En effet le défendeur principal seul est son véritable adversaire. Peu lui importe que celui-ci ait ou non un recours contre le garant et que le jugement, qui a repoussé ce recours, passe ou ne passe pas en force de chose jugée sur ce chef. Le demandeur originaire n'a aucun intérêt à ce que le défendeur, s'il vient à être condamné sur l'appel, obtienne ou non sa garantie. Comme on l'a fait remarquer avec raison, c'est au défendeur seul « à faire les démarches nécessaires pour se la procurer, à signifier tous les actes du procès qui doivent faire revivre l'instance avec son garant. Le demandeur principal n'a rien à demander à celui-ci ; il n'est tenu d'avoir avec lui aucune espèce de rapport (2) ». Le demandeur n'a donc pas à mettre en cause le garant lorsqu'il intime le garanti (3).

C'est au garanti à signifier au demandeur originaire le jugement rendu à son profit, pour faire courir contre lui le délai d'appel. La signification, qui aurait été faite par le garant, serait inutile à son égard, puisqu'il n'y a pas lieu de l'appeler et ne profiterait même pas au garanti, parce

---

(1) V. Rennes, 30 janvier 1834, Dall., v° *Appel*, n° 577 ; Cass., 22 mars 1875, Sir., 75.1.302, Dall., 75.1.204 ; Cass., 20 mai 1878, Sir., 78.1.461.

(2) Chauveau sur Carré, quest. 1581, *quater*, n° 2.

(3) Civ. cass., 9 janvier 1827, Sir., 27.1.370. — *Contrà* : Lyon, 14 décembre 1828, Dall., v° *Appel*, n° 578. Toutefois un arrêt du 23 juin 1834 (Civ. rej. Sir., 34.1.550) semble indiquer qu'il y a lieu de distinguer entre le garant qui a pris le fait et cause du garanti et le garant qui ne l'a pas pris. Le demandeur originaire devrait intimer le garant qui a pris les lieu et place du garanti, parce que ce dernier est devenu par cette substitution son contradicteur direct dans le procès. Mais ne faudrait-il pas alors aller même plus loin et décider que l'appel du demandeur ne peut être interjeté que contre le garant et le serait inutilement contre le garanti ? Une telle distinction ne nous semble pas justifiée, car le véritable adversaire du demandeur originaire est le garanti et c'est, en définitive, contre lui que s'exécute la condamnation principale au délaissement de l'immeuble revendiqué ; il est donc tout à la fois nécessaire et suffisant de l'intimer. — *Contrà* : Chauveau sur Carré, IV, quest. 1581, *quater*, n° 2.

qu'en règle générale la signification ne fait courir le délai d'appel qu'au profit de celui qui l'a faite.

Mais le garanti, intimé par le demandeur, peut toujours se réserver son recours en garantie pour le cas où il serait condamné sur l'appel du demandeur originaire. Dans ce but, il doit dénoncer l'appel au garant avec assignation en assistance de cause et déclaration d'arrêt et de jugement commun pour faire statuer, le cas échéant, sur la garantie qu'il réclame. Mais quelle voie doit-il employer ? Est-ce la voie de l'appel principal dans les formes et les délais de droit commun, ou la voie de l'appel incident, c'est-à-dire par simples conclusions et en tout état de cause ? On admet généralement que le garanti est tenu, pour reproduire devant la Cour son recours éventuel en garantie contre le garant, de procéder par voie d'appel principal. Peu importe même que le demandeur originaire ait intimé sur son appel, comme il en a le droit, le garant et le garanti ; l'appel incident n'est pas recevable, car il n'est permis qu'à l'intimé vis-à-vis de l'appelant principal (1).

Opposition. — L'opposition et les effets qu'elle produit ne profitent, en règle générale, qu'à celui qui l'a formée, conformément à l'adage : *Jura vigilantibus subveniunt.* Cependant une jurisprudence constante admet une exception à cette règle en matière de garantie incidente. D'après elle, en effet, lorsque le garant appelé dans l'instance n'a pas comparu et a été condamné par défaut par le tribunal, qui a accueilli en même temps la prétention du

______

(1) Civ. rej., 13 août 1837. Dall., v° *Appel incident*, n° 38 ; Besançon, 2 février 1855, Sir., 55.2.689 ; Cass., 9 avril 1867, Dall., 67.1.210 ; Caen, 20 août 1872, Dall., 74.1.267 ; Grenoble, 2 janvier 1885, *Rec. de Grenoble*, 86.30. — *Contrà* : Rennes, 24 décembre 1811, Dall., v° *Appel*, n° 615 ; Colmar, 19 mai 1826, Dall., v° *cit.*, n° 13

tiers, l'opposition, qu'il forme au jugement rendu contre lui, rouvre le débat entre toutes les parties et remet en question la décision même de la demande principale, quand même cette décision aurait été prononcée contradictoirement entre le demandeur originaire et le garanti. La jurisprudence, pour justifier sa solution, invoque, comme pour l'appel, le principe, nullement démontré, de l'indivisibilité des deux causes principale et récursoire (1).

Il faut, au contraire, décider que l'opposition formée par le garant défaillant n'empêche pas le jugement d'avoir l'autorité de la chose jugée à l'égard des parties principales. L'opposition, en effet, atteint uniquement la partie du jugement relative à la demande intentée par le garanti contre le garant; elle doit donc donner lieu seulement à l'examen de la question de garantie. Le tribunal a statué en même temps sur deux demandes et son jugement est nécessairement divisible. Sans doute, le défendeur originaire, après avoir succombé sur la demande principale, pourra se voir néanmoins débouté de son recours contre le garant, mais il devra s'imputer de s'être mal défendu dans la contestation primitive et il aura la ressource de l'appel et, s'il y a lieu, de la requête civile, pour attaquer le premier jugement par les moyens qui auront assuré le succès du garant sur son opposition. D'ailleurs, on ne doit pas oublier que le recours en garantie peut être exercé par action principale, « ce qui prouve qu'il est de son essence indépendant de la demande originaire » (2).

(1) Civ. rej., 11 mai 1830, Dall., v° *Exceptions*, n° 551 ; Civ. cass., 12 avril 1848, Dall., v° *cit.*, n° 479 ; Civ. cass., 3 mai 1858, Dall., 58.1.216 ; Pau, 22 novembre 1869, Dall., 71.2.204 ; Civ. cass., 27 juillet 1874, Dall., 75.1.375 ; Civ. cass., 5 avril et 13 juin 1876, Dall., 79.1.31 ; Grenoble, 2 janvier 1886, *Rec. de Grenoble*, 1886.30 ; Trib. com. Marseille, 19 avril 1886, *Rev. de dr. marit.*, 1886.43 ; Trib. com. Nantes, 12 octobre 1889, *Rec. de Nantes*, 90.1.103. — *Contrà* : Rennes, 3 juillet 1858, Sir., 59.2.170.

(2) Thomine-Desmazures, II, p. 341. — *Contrà* : Joccoton, *Rev. de dr. fr. et étr.*, 1849, p. 909 ; Delzers, II, p. 238, 2e question.

Quant aux voies de recours extraordinaires, les mêmes questions se représentent et la jurisprudence, fidèle à son principe, donne les mêmes solutions que pour l'appel et l'opposition (1).

(1) V. notamment pour le pourvoi en cassation : Cass., 15 juillet 1839, Dall., v° *Cassation*, n° 282 ; Cass., 17 novembre 1840, Sir., 40.1.935 ; Civ. cass., 12 juillet 1853, Dall., 53.1.335 ; Cass., 18 juin 1866, Sir., 66.1.336 ; Cass., 19 août 1868, Sir., 68.1.383.

TROISIÈME PARTIE

IL N'EXISTE PAS D'AUTRES EXCEPTIONS DILATOIRES.

1. — Après avoir fixé les règles particulières aux deux exceptions que nous venons d'étudier, le Code de procédure détermine l'ordre dans lequel les exceptions dilatoires doivent être proposées. Nous avons indiqué jusqu'ici, pour l'exception du délai pour faire inventaire et délibérer et pour l'exception de garantie, le moment où devait être opposée chacune de ces exceptions. Il reste maintenant à rechercher dans quel ordre doivent être proposées les exceptions dilatoires envisagées, soit l'une à l'égard de l'autre, soit toutes ensemble à l'égard des autres exceptions. Sous ce dernier rapport, aucune difficulté ne s'élève : les exceptions dilatoires ne doivent être proposées qu'après l'exception de la caution à fournir par l'étranger, celle d'incompétence *ratione personæ* et celle de nullité. Quant à l'ordre dans lequel doivent être opposées les exceptions dilatoires l'une à l'égard de l'autre, nous le trouvons établi par les articles 186 et 187, dont les dispositions, malgré leur apparente simplicité, présentent des difficultés d'application assez embarrassantes. L'article 186 est ainsi conçu : « Les exceptions dilatoires seront proposées conjointement et avant toutes défenses au fond. » La règle est donc à première vue très claire et se justifie parfaitement.

Les exceptions, dont il s'agit, doivent être proposées *conjointement,* c'est-à-dire toutes ensemble, par le même acte, pour empêcher que le défendeur, qui est fondé à opposer plusieurs exceptions de cette nature, ne retarde trop longtemps la solution de la contestation en les proposant successivement. Il doit le faire, ajoute l'article, avant toutes défenses au fond, autrement il serait regardé comme ayant renoncé au droit de réclamer un sursis à l'instruction de l'affaire et ne serait plus recevable à faire valoir ses exceptions. La réserve, qu'il ferait de l'exception dilatoire, serait même inutile et ne conserverait pas cette exception (1).

Puis l'article 187 dispose que « l'héritier, la veuve et la femme divorcée ou séparée pourront ne proposer leurs exceptions dilatoires qu'après l'échéance des délais pour faire inventaire et délibérer ». Ainsi l'exception des trois mois et quarante jours pour faire inventaire et délibérer, peut être proposée avant toute autre exception dilatoire. Puisque l'exception de l'article 174 a pour effet de suspendre toutes poursuites jusqu'à l'expiration des délais, il était logique de permettre aux ayants droit de ne présenter leurs autres exceptions dilatoires qu'à cette époque où les poursuites peuvent être utilement reprises contre eux. Par exemple, l'héritier et la femme commune, actionnés en revendication d'un immeuble faisant partie de la succession ou de la communauté, commenceront par opposer qu'ils sont encore dans les délais pour prendre parti et à l'échéance des dits délais, ils seront encore recevables à opposer leurs autres moyens dilatoires.

L'article 187 contient donc une exception au principe général établi par l'article 186 qui prescrit de proposer

____

(1) Bordeaux, 20 mars 1826, Dall., v° *Exceptions*, n° 370.

les exceptions dilatoires conjointement. Mais ne faut-il pas
en outre tirer du même article cette conséquence qu'il
existe d'autres exceptions dilatoires que les deux que le
Code de procédure comprend nommément sous cette dénomination. C'est bien, en effet, ce qui semble résulter de
cette disposition, sinon il existerait une antinomie fla-
grante entre les articles 186 et 187 du Code de procédure.
En effet, comment pourrait-on expliquer que l'on doive
proposer *conjointement* les exceptions dilatoires, si les
seules qualifiées de ce nom par le Code de procédure civile,
l'exception du délai pour faire inventaire et délibérer
et l'exception de garantie, peuvent être présentées l'une
après l'autre. Comment admettre que l'héritier, la femme
commune aient le droit de proposer *leurs* exceptions dilatoires après l'échéance des délais, si, à ce moment, il ne
reste à opposer que l'exception de garantie ? Aussi les auteurs ont-ils tenté de concilier ces deux textes, en prétendant qu'il y avait d'autres exceptions dilatoires, soit dans
d'autres parties du Code de procédure lui-même, soit dans
le Code civil.

2. — On donne généralement pour exemple le bénéfice
de discussion établi par l'article 2021 du Code civil, qui,
en effet, au premier aspect, offre les caractères d'une exception dilatoire. Cette exception, par laquelle la caution,
poursuivie en paiement, demande que le créancier, moyen-
nant certaines garanties qui lui sont données, discute préalablement les biens du débiteur principal, doit être opposée *sur les premières poursuites*, condition qui est bien en
rapport avec la prescription de l'article 186. En outre,
disent la plupart des auteurs, la caution, qui invoque ce
bénéfice, sollicite évidemment un délai ; elle ne refuse pas
de payer, elle ne conteste pas sa qualité de caution, elle
demande seulement que les poursuites dirigées contre elle

soient différées jusqu'après le temps de la discussion du débiteur principal. L'exception tend donc à l'obtention d'un sursis ; elle est donc bien dilatoire et soumise à ce titre à la règle générale de l'article 186.

Nous pensons, contrairement à cette opinion admise par la majorité des auteurs, que telle n'est pas la nature véritable de l'exception de discussion. Si, en effet, cette exception était vraiment dilatoire, il faudrait en conclure qu'elle devrait être opposée avant toute défense au fond. Or, la caution peut encore, dans certaines circonstances, opposer le bénéfice de discussion même après un débat sur le fond. Ainsi, lorsque la caution, actionnée par le créancier, commence par contester la validité du cautionnement, par prétendre que le terme ou la condition de son obligation de caution n'est pas réalisé, ou même par nier l'existence de son engagement, ce qu'elle peut soutenir de très bonne foi, si l'on suppose que le cautionnement a été consenti par son auteur, il serait déraisonnable de la déclarer déchue du droit de se prévaloir du bénéfice de discussion, après que le créancier aura établi la réalité de son engagement et obtenu condamnation contre elle sur ce point. La marche normale du procès est, en effet, d'invoquer d'abord ces moyens de défense qui ont pour objet de faire tomber la demande du créancier et l'on ne s'expliquerait pas que le défendeur, qui conteste sa qualité de caution, fût obligé de commencer par renvoyer son adversaire à discuter au préalable le débiteur principal. Opposer le bénéfice de discussion, ce serait avouer qu'il est caution, ce serait précisément reconnaître implicitement l'existence de l'obligation qu'il dénie. Le moment ne vient donc pour le défendeur de parler de discussion que quand il a été jugé que le cautionnement existe effectivement ou est valable, c'est-à-dire après des défenses au fond.

De même, dans un cas particulier, il est généralement admis que la caution conserve le droit d'invoquer le bénéfice de discussion, bien qu'elle ait laissé engager les poursuites contre elle ; c'est lorsqu'il survient au débiteur principal insolvable des biens qu'il n'avait pas au moment où la caution a été poursuivie. Comment pourrait-on justifier cette solution, si le bénéfice de discussion était une véritable exception dilatoire. Ne devrait-on pas, au contraire, prononcer la déchéance de la caution, puisque le bénéfice n'a pas été invoqué immédiatement après la demande formée par le créancier ?

D'un autre côté, il est inexact de dire que l'exception de discussion tend directement à l'obtention d'un délai. Que demande en effet la caution qui l'oppose ? Que le créancier avant de la contraindre au paiement discute les biens du débiteur principal. Est-ce là véritablement réclamer le sursis des poursuites ? Sans doute l'exception de discussion a pour unique résultat de suspendre l'instance introduite contre la caution, quand les événements démontrent que le débiteur principal est insolvable ; mais le plus souvent elle produit un effet plus considérable, puisque la caution échappe complètement à la poursuite et se trouve libérée, lorsque le créancier obtient son paiement du débiteur discuté.

Quant aux termes mêmes de l'article 2022 du Code civil qui oblige la caution à requérir le bénéfice de discussion *sur les premières poursuites* dirigées contre elle, ils n'ont pas la signification qu'on leur prête. Le législateur n'a pas voulu dire par l'expression « sur les premières poursuites » que l'exception de discussion doit être opposée dès l'entrée de la cause, *in limine litis* (1) ; il a en-

(1) V. en ce sens : Paris, 21 avril 1806, Dall., v° *Cautionnement*, n° 370, 2°.

tendu seulement refuser à la caution le droit d'invoquer en tout état de cause le bénéfice qu'il lui accordait et l'obliger à en user, avant que la procédure engagée contre elle ne soit trop avancée. La déchéance, qu'il fait résulter du défaut de réquisition sur les premières poursuites, tient à une présomption de renonciation tacite de la part de la caution. Lorsque la caution garde le silence et se laisse poursuivre sans se prévaloir de la faculté qu'elle a de détourner les poursuites, lorsqu'elle agit de manière à faire croire qu'elle y a renoncé, elle n'est plus désormais recevable à renvoyer le créancier discuter les biens du débiteur principal. C'est donc par la nature de sa défense qu'il faut juger si la caution a ou n'a pas renoncé à son droit. Du moment que l'on peut concilier la contestation par elle soulevée avec l'intention de réclamer la discussion des biens du principal obligé, le droit de la caution reste intact. On ne peut donc pas dire d'une manière absolue que l'exception de discussion doit être opposée dès le début des poursuites : tout dépend des circonstances de la cause. C'est aux tribunaux à résoudre cette difficulté de fait et à apprécier si l'attitude de la caution dans les débats antérieurs implique ou non sa renonciation. C'est en ce sens du reste que les expressions de l'article 2022 ont été expliquées par le Tribunat qui les y a fait introduire pour empêcher que la controverse, qui s'était élevée sur ce point dans l'ancien droit, ne se reproduise (1).

(1) Nos anciens auteurs étaient divisés sur cette question de la nature du bénéfice de discussion. Un grand nombre d'entre eux soutenaient qu'il constituait une exception péremptoire et en concluaient qu'il pouvait être proposé en tout état de cause : D'Olive, liv. IV, ch. 22 ; Serres, liv. III, t. 21, § 4 ; Loyseau, liv. III, ch. 8, n° 26 ; Casaregis, disc. 171, n° 29. — D'autres, parmi lesquels Pothier, le considéraient comme un moyen purement dilatoire, puisqu'il tendait à différer l'action du créan-

D'ailleurs le législateur, en introduisant dans l'article 2022 l'expression « sur les premières poursuites dirigées contre elle », n'a pas eu en vue l'hypothèse d'une demande judiciaire formée par le créancier contre la caution. Il n'a songé qu'au cas le plus ordinaire où le créancier, muni d'un titre exécutoire, procède par voie extra-judiciaire, pratique des voies d'exécution pour contraindre la caution au paiement. Dans ces circonstances, le bénéfice de discussion ne se présente pas sous la forme d'une exception, car une exception suppose une action et ici le créancier poursuit la saisie des meubles ou des immeubles de la caution. Il n'y a donc aucun rapport entre ce moyen présenté par la caution et les exceptions dilatoires dont s'occupe le Code de procédure civile. Les exceptions dilatoires ont pour but d'ajourner une instance, de différer la demande en justice intentée à l'effet d'obtenir une condamnation. Le bénéfice de discussion dans cette dernière hypothèse ne tend qu'à suspendre les voies d'exécution pratiquées en vertu d'un titre exécutoire ; il ne constitue donc pas une exception. Lorsqu'il est opposé à une action, il s'exerce bien sous la forme d'une exception, mais ce n'est pas une exception dilatoire, comme nous l'avons démontré ; c'est une exception *sui generis*, à laquelle l'article 186 ne peut s'appliquer (1).

La même solution doit être donnée pour le bénéfice de discussion qui appartient au donataire d'un immeuble su-

---

cier contre la caution et non à l'exclure entièrement et voulaient en conséquence qu'il fut opposé avant toute contestation au fond : Pothier, *Obligations*, nº 410 et sur Orléans, t. 20, nº 34 ; Guy Pape, quest. 50.

(1) V. en ce sens Boitard et Colmet-Daàge, I, nº 408 ; Laurent, XXVIII, nº 211 ; Merlin, *Rép.*, vº *Caution*, § IV, 1. — *Contrà* : Rodière, I, p. 349 ; Delzers, II, p. 244 ; Boncenne, III, p. 306 ; Duranton, XVIII, nº 334 ; Locré, XV, *Disc. de Chabot*, p. 343, nº 13 ; Pont, *Petits contrats*, II, nºˢ 167 à 169 ; Colmet de Santerre, VIII, nº 253 *bis*, I ; Aubry et Rau, IV, p. 682, § 426, note 7.

jet à réduction dans le cas de l'article 930 du Code civil, à l'acheteur à pacte de rachat (art. 1666, C. civ.) et au tiers détenteur d'un immeuble hypothéqué (art. 2170). Dans ce dernier cas, notamment, l'exception ou bénéfice de discussion est la faculté accordée au tiers détenteur d'un immeuble hypothéqué, qui n'est pas obligé personnellement à la dette, d'exiger que le créancier, avant d'agir contre lui, discute les autres immeubles hypothéqués à la même dette, qui sont encore dans la possession du principal obligé. La situation de ce tiers détenteur présente donc une grande analogie avec celle de la caution. Aussi l'article 2170 porte-t-il que la discussion doit être requise selon les règles prescrites au titre du cautionnement. Nous en concluons que le moyen de défense, que le tiers détenteur est en droit de présenter, n'est pas non plus une exception dilatoire soumise à l'application de l'article 186. Il peut donc encore être opposé après des défenses au fond qui ne supposent pas l'intention de renoncer à ce bénéfice. Par exemple, le détenteur commence par contester l'existence du droit hypothécaire ou par prétendre que l'inscription de l'hypothèque est irrégulière ; s'il succombe dans la contestation qu'il a soulevée, il est encore recevable à se prévaloir du bénéfice de discussion, puisque on ne saurait induire de sa conduite qu'il ait entendu y renoncer (1).

On a quelquefois attribué le caractère dilatoire au bénéfice de division qu'accorde l'article 2026 du Code civil aux personnes qui se sont rendues cautions d'un même débiteur pour une même dette . Chacune des cautions est obligée à toute la dette, mais, lorsqu'une d'elles est poursuivie pour le tout par le créancier, elle peut exiger que ce créancier divise son action entre toutes les cautions,

---

(1) Cpr. Joccoton, *Rev. de législ.*, 1852, II, p. 262.

de manière à ne demander à chacune que sa part contributoire. Il est manifeste que ce moyen de défense n'est pas de nature dilatoire ; il a en effet pour but non pas de retarder l'action du créancier contre celui qui l'oppose, mais bien d'exclure entièrement cette action pour la partie de la dette qui doit être acquittée par les autres cautions. Le bénéfice de division est donc réellement un moyen de fond, un moyen de libération qui peut être proposé en tout état de cause (1).

Quelques auteurs citent encore comme exceptions dilatoires le moyen tiré du terme, les demandes en remise de cause à une autre audience formées par l'une quelconque des parties (2), les exceptions prévues par les articles 27 et 497 du Code de procédure civile et enfin celle de l'article 1225 du Code civil.

Il nous paraît difficile d'admettre ces différentes solutions qui sont, sauf la dernière, manifestement inexactes.

Le moyen tiré du terme ne saurait être regardé dans le droit actuel comme une exception dilatoire. En lui attribuant ce caractère, on aboutirait aux mêmes conséquences inadmissibles que nous avons précédemment signalées au sujet du bénéfice de discussion. Le débiteur, actionné en paiement avant l'arrivée du terme, serait en effet tenu d'opposer le moyen tiré de l'inexigibilité avant toute défense au fond et il en serait déchu si, avant de l'invoquer, il avait commencé par plaider au fond et par contester l'existence de la créance réclamée contre lui, suivant la seule marche logique du procès. Les rares partisans de cette opinion, aujourd'hui à peu près complètement abandonnée, objectent que le terme procurait dans le Droit

____

(1) Boncenne, III, p. 306 ; Boitard et Colmet-Daâge, I, n° 410 ; Rioche, n° 22.

(2) Rodière, I, p. 349.

romain comme dans l'Ancien Droit une exception dilatoire. Nous le reconnaissons, mais nous avons vu qu'il n'y a entre l'exception dilatoire de la législation romaine et la nôtre qu'un rapport de mots et quant à l'Ancien Droit, la notion exacte de ces exceptions y était tellement trouble et incertaine que l'on ne saurait guère invoquer son autorité pour la solution de cette question. D'ailleurs il est manifeste que le bénéfice du terme ne forme même plus dans le droit actuel une exception. Lorsque le défendeur réclame un terme, il n'oppose pas un moyen préalable emprunté à la procédure, il défend en réalité au fond. Le moyen tiré du terme ne constitue donc plus aujourd'hui une exception dilatoire ni même une exception ; il est une véritable défense au fond, proposable en tout état de cause (1).

La remise de cause ou sursis ne constitue pas une exception dilatoire ; elle n'a pas, en effet, une cause écrite dans la loi et dépend complètement du pouvoir discrétionnaire des tribunaux qui peuvent librement l'accorder ou la refuser ; en outre, elle peut être sollicitée en tout état de cause, dès qu'une partie estime qu'elle lui est utile.

D'après l'article 27 du Code de procédure, le défendeur au possessoire ne peut se pourvoir au pétitoire qu'après le jugement de l'instance sur le possessoire et l'acquittement, s'il a succombé, des condamnations prononcées contre lui. Or, le défendeur au pétitoire, qui est actionné quand l'une ou l'autre de ces conditions n'est pas réalisée et qui s'oppose, en conséquence, à l'examen de la question de revendication, ne réclame pas, directement du moins, le sursis des poursuites. Il prétend qu'aucune nouvelle instance ne peut être engagée, tant que la contesta-

---

(1) Boitard et Colmet-Daâge, I, n° 406.

tion sur le possessoire ne sera pas vidée. Il dénie à son adversaire le droit d'agir en justice au lieu de réclamer un simple délai.

On peut en dire autant, pour les mêmes motifs, du droit qu'a le défendeur en requête civile d'arrêter l'instance, tant que le jugement attaqué, qui a ordonné le délaissement d'un immeuble, n'a pas été exécuté au principal (art. 497). La situation est identique et il n'y a pas non plus dans cette hypothèse d'exception dilatoire.

Reste le cas visé par l'article 1225 du Code civil. Aux termes de cet article, chacun des codébiteurs d'une obligation indivisible, poursuivi séparément pour la totalité de la créance, peut demander un délai pour mettre en cause ses codébiteurs. Le défendeur ici ne combat pas, pour le moment, la prétention du créancier, il réclame uniquement un délai pour appeler dans l'instance ses codébiteurs, afin que la condamnation à intervenir soit répartie entre tous ou que son recours soit assuré. Il oppose donc incontestablement, a-t-on dit, une exception tendant exclusivement à l'obtention d'un délai, par conséquent une véritable exception dilatoire.

On ne saurait, en effet, contester le caractère dilatoire de l'exception qui est opposée par ce codébiteur, mais il ne nous paraît pas qu'il y ait, dans ce cas, une exception dilatoire spéciale ; ce n'est qu'une application de l'exception de garantie. Les codébiteurs d'une dette indivisible sont respectivement garants les uns des autres, aussi celui d'entre eux qui est actionné au delà de la part pour laquelle il doit y contribuer, a-t-il le droit d'appeler en cause ses codébiteurs (1).

Les différents moyens de défense que nous venons d'examiner successivement sont les seuls qui, dans notre

______

(1) En sens contraire : Boitard et Colmet-Daàge, I, n° 411.

législation, se rapprochent d'une façon sensible des exceptions dilatoires auxquelles certains auteurs ont cru devoir les assimiler. Nous venons d'établir que, malgré l'apparence, ces moyens ne répondent pas à la notion véritable de l'exception dilatoire. Nous sommes par suite amené à conclure qu'il n'existe pas d'autres exceptions dilatoires que les deux indiquées par le Code de procédure civile.

Que devient alors le principe général de l'article 186 ? Comment expliquer la disposition de l'article 187 ? Puisque l'exception du délai pour faire inventaire et délibérer et l'exception de garantie sont les seules exceptions dilatoires reconnues par le droit moderne, la contradiction des articles 186 et 187 est réelle et l'exception admise par le dernier article détruit en fait le principe établi par le précédent. Cette antinomie peut s'expliquer historiquement. L'Ancien Droit français, nous l'avons vu, classait parmi les exceptions dilatoires un très grand nombre de moyens de défense. Les rédacteurs du Code de procédure civile, mieux inspirés, n'ont donné cette qualification qu'aux exceptions présentant véritablement un caractère dilatoire, c'est-à-dire aux deux exceptions qui ont fait l'objet de cette étude ; mais ils ont eu la maladresse de reproduire dans nos deux textes la règle des articles 1 et 2 du titre IX de l'Ordonnance de 1667, règle qui s'expliquait parfaitement à une époque où les exceptions dilatoires étaient encore fort nombreuses, mais qui n'a plus aujourd'hui aucune raison d'être.

Vu : Le Président de la thèse,
GLASSON.

Vu :
Le Doyen,
GARSONNET.

Vu et permis d'imprimer :
Le Vice-Recteur de l'Académie de Paris.
GRÉARD.

TABLE DES MATIÈRES

TROISIÈME PARTIE

IL N'EXISTE PAS D'AUTRES EXCEPTIONS DILATOIRES.

Imp. G. Saint-Aubin et Thevenot. — J. Thevenot, successeur, St-Dizier (Hte-Marne).

Imp. G. Saint-Aubin et Thevenot. — J. Thevenot, successeur, Saint-Dizier